# AGUILAR

Título original: INGLÉS SÚPER FÁCIL
© 2012, TRIALTEA USA
PO BOX 45 44 02 Miami FL 33245-4402

De esta edición:
D.R. © 2012, Santillana USA Publishing Company, Inc.
2023 NW 84th Avenue
Doral, FL 33122
Teléfono: 305-591-9522

www.prisaediciones.com

Aguilar es un sello editorial del Grupo Santillana. Éstas son sus sedes:

**Argentina**
Av. Leandro N. Alem, 720
C1001AAP Buenos Aires
Tel. (54 11) 4119 50 00
Fax (54 11) 4912 74 40

**Bolivia**
Avda. Arce, 2333
La Paz
Tel. (591 2) 44 11 22
Fax (591 2) 44 22 08

**Colombia**
Calle 80, n°10-23
Bogotá
Tel. (57 1) 635 12 00
Fax (57 1) 236 93 82

**Costa Rica**
La Uruca
Del Edificio de Aviación Civil 200
m al Oeste
San José de Costa Rica
Tel. (506) 220 42 42 y 220 47 70
Fax (506) 220 13 20

**Chile**
Dr. Anibal Ariztia, 1444
Providencia
Santiago de Chile
Telf (56 2) 384 30 00
Fax (56 2) 384 30 60

**Ecuador**
Avda. Eloy Alfaro, N33-347 y
Avda. 6 de Diciembre
Quito
Tel. (593 2) 244 66 56 y 244 21 54
Fax (593 2) 244 87 91

**El Salvador**
Siemens, 51
Zona Industrial Santa Elena
Antiguo Cuscatlan - La Libertad
Tel. (503) 2 505 89 y 2 289 89 20
Fax (503) 2 278 60 66

**España**
Torrelaguna, 60
28043 Madrid
Tel. (34 91) 744 90 60
Fax (34 91) 744 92 24

**Estados Unidos**
2023 NW 84th Avenue
Doral, FL 33122
Tel. (1 305) 591 95 22 y 591 22 32
Fax (1 305) 591 74 73

**Guatemala**
7ª avenida, 11-11
Zona n° 9
Guatemala CA
Tel. (502) 24 29 43 00
Fax (502) 24 29 43 43

**Honduras**
Colonia Tepeyac Contigua a Banco
Cuscatlan - Boulevard
Juan Pablo,frente al Templo
Adventista 7° Día, Casa 1626
Tegucigalpa
Tel. (504) 239 98 84

**México**
Avda. Universidad, 767
Colonia del Valle
03100 México DF
Tel. (52 55) 54 20 75 30
Fax (52 55) 56 01 10 67

**Panamá**
Avda Juan Pablo II, n° 15
Apartado Postal 863199, zona 7
Urbanización Industrial La Locería
Ciudad de Panamá
Tel. (507) 260 09 45

**Paraguay**
Avda. Venezuela, 276
Entre Mariscal López y España
Asunción
Tel. y fax (595 21) 213 294 y
214 983

**Perú**
Avda. San Felipe, 731
Jesús María, Lima
Tel. (51 1) 218 10 14
Fax (51 1) 463 39 86

**Puerto Rico**
Avenida Roosevelt, 1506
Guaynabo 00968
Puerto Rico
Tel. (1 787) 781 98 00
Fax (1 787) 782 61 49

**República Dominicana**
Juan Sánchez Ramírez, n° 9
Gazcue
Santo Domingo RD
Tel. (1809) 682 13 82 y 221 08 70
Fax (1809) 689 10 22

**Uruguay**
Constitución, 1889
11800 Montevideo
Uruguay
Tel. (598 2) 402 73 42 y 402 72 71
Fax (598 2) 401 51 86

**Venezuela**
Avda. Rómulo Gallegos
Edificio Zulia, 1°. Sector Monte
Cristo. Boleita Norte
Caracas
Tel. (58 212) 235 30 33
Fax (58 212) 239 10 51

Fotografía de cubierta:
© Andrés Rodríguez | Dreamstime.com

ISBN: 978-1-61435-524-3

Primera edición: Marzo 2012

# INGLÉS
## SÚPER FÁCIL

¡El curso más fácil y sencillo!

## INGLÉS CORRECTO EN 34 LECCIONES

Indice

## APÉNDICES

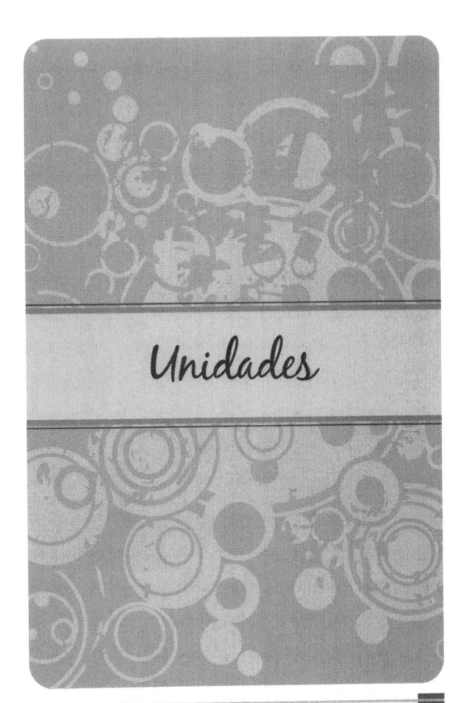

Unidades

## Lección 1

PRONOMBRES
PERSONALES SUJETO

VERBO TO BE

CONTRACCIONES

## PRONOMBRES PERSONALES SUJETO

Los pronombres son palabras que usamos en lugar de los nombres y pueden sustituir a personas, animales, cosas o situaciones.

Los pronombres personales sujeto son aquellos que funcionan como sujeto de una oración, es decir, son los que realizan la acción. Se colocan delante del verbo, que es la acción.

El pronombre personal «I» *(yo)* siempre se escribe en mayúscula.

## PRONOMBRES PERSONALES

| | |
|---|---|
| **I** | *yo* |
| **you** | *tú / usted* |
| **he** | *él* |
| **she** | *ella* |
| **it** | *(ello)* * |
| **we** | *nosotros/as* |
| **you** | *ustedes* |
| **they** | *ellos, ellas* |

\* **It** se utiliza para nombrar animales, cosas o situaciones.

**Linda** is tall
**She** is tall

**The cat** is black
**It** is black

**Mike and George** are American
**They** are American

## VERBO TO BE

**a)** Uno de los principales verbos en inglés es el verbo **TO BE**, que equivale a los verbos **«ser»** y **«estar»**, y que se usa cuando se quieran expresar estados permanentes (ser) o temporales (estar). Se conjuga de la siguiente manera:

| | Se contrae: | Significa: |
|---|---|---|
| **I am** | **I'm** | *yo soy, estoy* |
| **you are** | **you're** | *tú eres, estás*<br>*usted es, está* |
| **he is** | **he's** | *él es, está* |
| **she is** | **she's** | *ella es, está* |
| **it is** | **it's** | *(ello) es, está* |
| **we are** | **we're** | *nosotros/as somos, estamos* |
| **you are** | **you're** | *ustedes son, están* |
| **they are** | **they're** | *ellos/as son, están* |

Aunque no aparezcan explícitamente los pronombres
en español, en inglés sí hay que decirlos.

**We are** students                                    **I'm** in Miami
*(Nosotros)* **Somos** *estudiantes*                    *(Yo)* ***Estoy*** *en Miami*

**It is** hot
*(...)* ***Hace*** *calor*

Hay que prestar mucha atención a las contracciones,
que son muy frecuentes en inglés, particularmente
cuando se habla. Cuando se contrae, se eliminan letras,
y, en su lugar, aparece un apóstrofe.

***You are*** *doctors* = ***You're*** *doctors*
*Ustedes son médicos*

***It is*** *raining* = ***It's*** *raining*
*Está lloviendo*

***I am*** *Mexican* = ***I'm*** *Mexican*
*Soy mejicano*

**b)** Cuando se quiera negar el verbo **TO BE**, *se utiliza la negación* **not** *después del verbo:*

### Contracciones

| | | | |
|---|---|---|---|
| **I am not** | **I'm not** | **I'm not** | *(yo) no soy, no estoy* |
| **you are not** | **you aren't** | **you're not** | *(tú) no eres, no estás* <br> *(usted) no es, no está* |
| **he is not** | **he isn't** | **he's not** | *(él) no es, no está* |
| **she is not** | **she isn't** | **she's not** | *(ella) no es, no está* |
| **it is not** | **it isn't** | **it's not** | *(ello) no es, no está* |
| **we are not** | **we aren't** | **we're not** | *(nosotros/as)* <br> *no somos, no estamos* |
| **you are not** | **you aren't** | **you're not** | *(ustedes) no son, no están* |
| **they are not** | **they aren't** | **they're not** | *(ellos/as) no son, no están* |

Vemos que existen varias maneras de contraer la negación, aunque la primera es más frecuente.

**You aren't** Colombian
*Tú no eres colombiano*

**She isn't** tall
*Ella no es alta*

**They're not** working
*Ellos no están trabajando*

**c)** Para realizar preguntas usando el verbo **TO BE**, cambiamos el orden del sujeto y el verbo:

| | |
|---|---|
| **Am I?** | *¿soy yo?, ¿estoy yo?* |
| **Are you?** | *¿eres tú?, ¿estás tú?*<br>*¿es usted?, ¿está usted?* |
| **Is he?** | *¿es él?, ¿está él?* |
| **Is she?** | *¿es ella?, ¿está ella?* |
| **Is it?** | *¿es (ello)?, ¿está (ello)?* |
| **Are we?** | *¿somos nosotros/as?,*<br>*¿estamos nosotros/as?* |
| **Are you?** | *¿son ustedes?, ¿están ustedes?* |
| **Are they?** | *¿son ellos/as?, ¿están ellos/as?* |

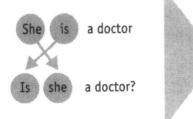

**Are you** Pedro López?
*¿Es usted Pedro López?*

**Is it** raining?
*¿Está lloviendo?*

Para contestar a preguntas que empiezan con el
verbo **TO BE**, se puede usar la respuesta corta:
***Yes/No + Sujeto + Verbo to be (afirmativo/negativo)**.*

Is he Colombian?
*No, he isn't*

Are they in Cancún?
*Yes, they are*

Hay que recordar que en las preguntas sólo se utiliza
un signo de interrogación (**?**) al final de la frase.

El verbo **TO BE**, además de significar «ser» y
«estar», se utiliza en otras expresiones:

| | |
|---|---|
| to be ... years old *(tener ... años)* | She is 31 years old *Ella tiene 31 años* |
| to be hungry *(tener hambre)* | I am not hungry *No tengo hambre* |
| to be thirsty *(tener sed)* | They are thirsty *Ellos tienen sed* |
| to be lucky *(tener suerte)* | We aren't lucky *No tenemos suerte* |
| to be hot *(tener/hacer calor)* | I'm hot / It's hot *Tengo/Hace calor* |
| to be late *(llegar tarde)* | He's late *Él llega tarde* |

# EJERCICIOS

Elige la respuesta correcta:

**a)** Margaret ....... my sister

am / is / are

**f)** ...... we in a park?

Are / Is / Am

**b)** I ....... Mexican

am / is / are

**g)** It ..... a dog

am / is / are

**c)** ......... are Tom and Mike

They / He / I

**h)** ...... she a girl?

Are / Am / Is

**d)** ....... 're American

She / We / It

**i)** They .......... tall

am not / aren't / isn't

**e)** He ......... James

isn't / are / am not

**j)** ......'s Gregory

I / You / He

# Lección 2

EL ARTÍCULO
DETERMINADO (THE)

EL ARTÍCULO
INDETERMINADO (A/AN)

AUSENCIA
DE ARTÍCULO

Los sustantivos suelen ir precedidos de un determinante, y, uno de los más frecuentes, es el artículo. Hay dos clases de artículos: el artículo determinado (**the**) y el indeterminado (**a/an**).

## EL ARTÍCULO DETERMINADO (THE)

**1)** El artículo determinado **«the»** significa **«el, la, los, las»**, es decir, se usa tanto en masculino, femenino, singular y plural.

**the** house, **the** houses
*la casa, las casas*

**the** car, **the** cars
*el auto, los autos*

**EL ARTÍCULO DETERMINADO (THE)**

Se utiliza:

**a)** Cuando el hablante y el oyente conocen aquello que se trata:

**The** book is mine
*El libro es mío (todos saben qué libro)*

**b)** Al referirnos a algo mencionado anteriormente:

These are my children
*Éstos son mis hijos*

**The** boy is Tom
*El niño es Tom*

**c)** Al hablar de algo único:

He is **the** president
*Él es el presidente*

**The** sun is far from us
*El sol está lejos de nosotros*

**d)** Al tratar de edificios y lugares públicos:

I went to **the** bank
*Fui al banco*

They're at **the** park
*Están en el parque*

**e)** Con nombres de hoteles, restaurantes, museos, periódicos, teatros, etc.

I stayed at **the** Royal Hotel
*Me quedé en el Hotel Royal*

Have you seen **the** Miami Herald?
*¿Has visto el Miami Herald?*

EL ARTÍCULO DETERMINADO (THE)

**f)** Con adjetivos superlativos:

He is **the** tallest basketball player
*Él es el jugador de baloncesto más alto*

**g)** Con nacionalidades (al tratarlas como grupos de gente):

**The** Italians eat a lot of pasta
Los italianos comen mucha pasta

**h)** Ante nombres de ríos, océanos, mares, desiertos, bosques, etc:

**The** Sahara, **the** Nile, **the** Pacific
El Sáhara, el Nilo, el Pacífico

**i)** Ante números ordinales:

**the** first, **the** second, **the** third...
el primero, el segundo, el tercero...

# EL ARTÍCULO INDETERMINADO (A/AN)

El artículo indeterminado **«a/an»** significa **«un/una»**.

**a)** Se utiliza delante de un nombre contable en singular cuando nos refiramos a él por primera vez:

There's **a** book on the table
*Hay un libro en la mesa*

He is **a** boy
*Es un niño*

**b)** También se usa al hablar de profesiones u ocupaciones (cuando el sujeto sea singular):

She is **a** singer
*Ella es cantante*

I'm **a** student
*Soy estudiante*

**c)** En muchos casos equivale a «one» (uno):

I have **a** bicycle
*Tengo una bicicleta*

*(sidebar)* EL ARTÍCULO INDETERMINADO (A/AN)

**EL ARTÍCULO INDETERMINADO (A/AN)**

**d)** Se utiliza **«a»** delante de palabras que comienzan por consonante (sonido consonántico):

There is **a** map on the wall
*Hay un mapa en la pared*

It is **a** dog
*Es un perro*

**e)** Se utiliza **«an»** delante de palabras que comiencen por vocal (sonido vocálico) o «h» muda.

It is **an** egg
*Es un huevo*

She is **an** artist
*Ella es artista*

I was there for **an** hour
*Estuve allá durante una hora*

**f)** Como equivalente de «al (a la)» o «por» en expresiones:

eighty miles **an** hour
*ochenta millas por hora*

three times **a** day
*tres veces al día*

**g)** En la expresión «what a(n) + adjetivo + nombre!» (¡Qué + nombre + tan/más + adjetivo!), siempre que el nombre sea contable y singular:

What **an** expensive car!
*¡Qué auto tan/más caro!*

What **a** boring film!
*¡Qué película tan/más aburrida!*

# AUSENCIA DE ARTÍCULO

**3)** No se utiliza artículo:

**a)** Con nombres contables o incontables, al referirnos a ellos de manera general:

I don't like chocolate
*No me gusta el chocolate*

Cell phones are very useful
*Los celulares son muy útiles*

Love is a human feeling
*El amor es un sentimiento humano*

Pero al referirnos a los sustantivos de manera particular se utiliza «**the**»:

**The** chocolate I tasted yesterday was delicious
*El chocolate que probé ayer estaba delicioso*

I like **the** cell phone you gave me
*Me gusta el celular que me regalaste*

**b)** Con los días de la semana y las estaciones del año:

The class is on Mondays
*La clase es los lunes*

It usually snows in winter
*Normalmente nieva en (el) invierno*

AUSENCIA DE ARTÍCULO

AUSENCIA DE ARTÍCULO

**c)** Con la hora:

It's seven o'clock
*Son las siete en punto*

**d)** Con profesiones u ocupaciones, cuando el sujeto es plural:

They are doctors
*Son médicos*

**e)** En algunas expresiones:

watch television: *ver la televisión*

**have**
- breakfast: *desayunar (tomar el desayuno)*
- lunch: *almorzar (tomar el almuerzo)*
- dinner: *cenar (tomar la cena)*

I never watch television
*Nunca veo la televisión*

They have lunch at 1:30
*Ellos almuerzan (toman el almuerzo) a la 1:30*

**f)** Cuando el verbo «to play» significa «jugar» no se usa el artículo junto al juego, pero si significa «tocar» (música), el artículo sí aparece junto al instrumento:

I want to play baseball
*Quiero jugar al béisbol*

He plays the guitar in a band
*Él toca la guitarra en una banda*

**g)** Delante de «next» (próximo) y «last» (pasado) en expresiones de tiempo:

My birthday is next month
*Mi cumpleaños es el mes próximo*

She came last week
*Ella vino la semana pasada*

**AUSENCIA DE ARTÍCULO**

**h)** Ante una persona con título:

Mr. Jones
*(el Sr. Jones)*

President Sánchez
*(el presidente Sánchez)*

**i)** Ante nombres de países, excepto algunos casos como: the USA (los EEUU), the Dominican Republic (la República Dominicana), the United Kingdom (el Reino Unido) o the Netherlands (los Países Bajos).

**j)** Con nombres de calles:

I live on
Washington Street
*Vivo en la
calle Washington*

**k)** Con nombres de lagos o de montañas:

Lake Ontario
*el lago Ontario*

Mount Everest
*el monte Everest*

Pero con grupos de lagos o sistemas montañosos, se utiliza «the»:

The Great Lakes
*los Grandes Lagos*

The Himalayas
*el Himalaya*

**l)** Con deportes y materias académicas, al referirnos a ellos de manera general:

I don't play football
*No juego al fútbol*

She likes history
and mathematics
*A ella le gustan la historia
y las matemáticas*

**m)** En la expresión «what + adjetivo + nombre!» (qué + nombre + tan/más + adjetivo), siempre que el nombre sea incontable o contable en plural:

What loud music!
*¡Qué música tan alta!*

What beautiful flowers!
*¡Qué flores tan/más bonitas!*

# EJERCICIOS

Elige la respuesta correcta:

**a)** David is ....... boy

the / a / -

**b)** I like........milk

a / - / the

**c)** They are ...... painters

the / - / an

**d)** He is ...... man

a / the / -

**e)** .......water is transparent

A / - / The

**f)** I am ....... architect

the / an / -

**g)** Is he .......Peter?

the / - / a

**h)** Tobby is ........ dog

a / an / -

**i)** They are in ...... house

- / the / an

**j)** ..... milk is in the fridge

The / - / A

# Lección 3

## SUSTANTIVOS CONTABLES E INCONTABLES

## PLURALES

El sustantivo es la palabra utilizada para designar a personas, animales, cosas o situaciones.

Dichos sustantivos o nombres pueden ser contables o incontables.

## SUSTANTIVOS CONTABLES

**1)** Los **nombres contables** son aquellos que tienen plural, es decir, que los podemos expresar con una cifra delante.

two **chairs**
*dos sillas*

a **book**
*un libro*

Los nombres contables pueden ser singulares o plurales. Vamos a aprender ahora cómo se forman los **plurales** de los sustantivos contables.

## FORMAS DE PLURAL

**a)** Como regla general, el plural del sustantivo se forma añadiendo una «**s**» al sustantivo en singular.

house – house**s**
*casa - casas*

car – car**s**
*auto – autos*

**b)** Los nombres acabados en **s, sh, ch, x** y **z**, forman el plural añadiendo **«es»**:

bus – bus**es**
*autobús – autobuses*

match – match**es**
*fósforo – fósforos*

dish – dish**es**
*plato – platos*

fox – fox**es**
*zorro – zorros*

buzz – buzz**es**
*zumbido – zumbidos*

**c)** Los nombres que acaban en **«y»** forman el plural de la siguiente manera: - si la **«y»** va precedida de una consonante, se convierte en **«i»** y se añade **«es»**:

party – part**ies**
*fiesta - fiestas*

city – cit**ies**
*ciudad – ciudades*

- si la **«y»** va precedida de una vocal, sólo se le añade **«s»**:

day – day**s**
*día – días*

**d)** Si el nombre acaba en **«f»** o **«fe»**, en el plural estas letras cambian por **«ves»**:

leaf – lea**ves**
hoja – hojas

knife – kni**ves**
*cuchillo – cuchillos*

**e)** Cuando el nombre acaba en **«o»**, la regla general es añadir **«es»** en plural:

hero – hero**es**
*héroe – héroes*

potato – potato**es**
*papa – papas*

Pero algunas palabras no siguen esta norma:

photo – photo**s**
*foto – fotos*

piano – piano**s**
*piano - pianos*

**f)** Hay otros sustantivos que forman el plural de manera irregular:

man – men
*hombre – hombres*

woman – women
*mujer – mujeres*

child – children
*niño – niños*

foot – feet
*pie – pies*

tooth – teeth
*diente – dientes*

mouse – mice
*ratón – ratones*

sheep – sheep
*oveja – ovejas*

fish – fish
*pez – peces*
*(pescado – pescados)*

Hay que prestar atención a la palabra **«people»**. Aunque a veces pueda significar «gente», que es un sustantivo incontable, en inglés es el plural de **«person»** y, por lo tanto, contable.

a person – two people / two persons
*una persona – dos personas*

**g)** Algunos sustantivos solo tienen forma plural y, para singularizarlos, se usa la expresión **«a pair of»** delante de ellos.

scissors – **a pair of** scissors
*tijeras – una tijera*

jeans – **a pair of** jeans
*tejanos – unos tejanos*

## SUSTANTIVOS INCONTABLES

**2)** Los **nombres incontables** son aquellos que no tienen plural, ni pueden ir precedidos por un número. Son aquellos que no se pueden contar. Entre ellos están los nombres de líquidos, gases, materiales y sustancias en general, nombres abstractos, cualidades, etc.

| milk | bread | freedom |
|------|-------|---------|
| *leche* | *pan* | *libertad* |
| air | chocolate | money |
| *aire* | *chocolate* | *dinero* |

Los nombres incontables hacen conjugar al verbo en 3ª persona del singular (como *he*, *she* o *it*):

Money **is** important for living
*El dinero es importante para vivir*

Algunos se pueden contabilizar por medio de otras expresiones:

news – **a piece of** news
*noticias – una noticia*

water – **two glasses of** water
*agua – dos vasos de agua*

Los sustantivos, tanto contables como incontables, suelen ir acompañados de unos determinantes llamados cuantificadores, que son adverbios y expresiones de cantidad, y que se tratan en el siguiente capítulo.

# EJERCICIOS

¿Cuál es el plural de estas palabras?

**a)** book - .........................

**f)** knife - .........................

**b)** party - .........................

**g)** day - .........................

**c)** man - .........................

**h)** bus - .........................

**d)** photo - .........................

**i)** city - .........................

**e)** tooth - .........................

**j)** potato - .........................

# Lección 4

«HAY»
THERE IS, THERE ARE

CUANTIFICADORES:
ADVERBIOS Y
EXPRESIONES DE
CANTIDAD (SOME,
ANY, MUCH, MANY,
A FEW, A LITTLE…)

La expresión impersonal **«hay»** equivale a
las formas **«there is»** y **«there are»**:

**a) «There is»** se utiliza con **sustantivos singulares**
o **incontables** y se puede contraer en **«there's»**:

**There's** a **book** on the table
*Hay un libro en la mesa*

**There is** some **milk** in the fridge
*Hay leche en el refrigerador*

**b)** «There are» se usa con **sustantivos contables en plural:**

**There are** a lot of
**pictures** in the room
*Hay muchos
cuadros en la sala*

**c)** Para construir oraciones negativas, se usan «**there isn't (there is not)**» y «**there aren't (there are not)**»:

**There isn't** a match
on TV tonight
*No hay partido esta
noche en televisión*

**There isn't** any
money in the bank
*No hay dinero en el banco*

**There aren't** many
flowers in the vase
*No hay muchas
flores en el jarrón*

**d)** Para preguntar, se invierte el orden: **Is there...?, Are there ...?**

**Is there** a post
office near here?
*¿Hay una oficina de
correos cerca de aquí?*

**Is there** any sugar
in the kitchen?
*¿Hay azúcar en la cocina?*

**Are there** any pictures
on the walls?
*¿Hay cuadros en las paredes?*

**e)** Las preguntas anteriores se pueden responder afirmativa y negativamente, de forma corta:

Is there a post office near here? **Yes, there is.**
*¿Hay una oficina de correos cerca de aquí? Sí, la hay*

Is there any sugar in the kitchen? **No, there isn't.**
*¿Hay azúcar en la cocina? No, no hay*

Are there any pictures on the walls? **Yes, there are.**
*¿Hay cuadros en las paredes? Sí, los hay*

El uso de «there is» y «there are» está muy relacionado con los cuantificadores, que pasamos a ver a continuación.

# CUANTIFICADORES: ADVERBIOS Y EXPRESIONES DE CANTIDAD

Estos adverbios son unos determinantes que nos indican la cantidad de alguna cosa.

En este capítulo trataremos los siguientes:

## Some

Es un determinante que se utiliza en oraciones afirmativas.

Con nombres incontables indica cierta cantidad, o sea, «algo»:

There is **some** water in the glass
*Hay (algo de) agua en el vaso*

Delante de nombres contables también indica cierta cantidad, es decir, «algunos»:

There are **some** trees in the garden
*Hay (algunos) árboles en el jardín*

## Any

Este determinante se usa en oraciones negativas e interrogativas.

### a) En oraciones negativas:

Delante de nombres incontables equivale a «nada»:

There isn't **any**
sugar for the cake
*No hay (nada de)
azúcar para el pastel*

Ante sustantivos contables significa «ningún/a»:

There aren't **any** books
on the shelves
*No hay libros en
los estantes*

## b) En oraciones interrogativas:

**Delante de nombres incontables equivale a «algo»:**

Is there **any** butter
for the toast?
*¿Hay mantequilla
para la tostada?*

**Ante sustantivos contables significa «algunos/as»:**

Are there **any** coats
in the wardrobe?
*¿Hay abrigos en
el armario?*

Hay que tener en cuenta que, aunque en español no se utilice ningún cuantificador explícitamente, en inglés sí que hay que usar **some** o **any** en los casos citados.

Is there **any** soap in the bathroom?
→ Yes, there is (**some** soap in the bathroom)
→ No, there isn't (**any** soap in the bathroom)

Are there **any** people in the house?
→ Yes, there are (**some** people in the house)
→ No, there aren't (**any** people in the house)

## No

El determinante **«no»** se utiliza en oraciones afirmativas (el verbo no tiene negación), pero con sentido negativo:

There is **no** juice in the fridge
*No hay jugo en el refrigerador*

I have **no** money
*No tengo dinero*

Entonces vemos que **«I don't have any money»** equivale a **«I have no money»**, aunque esta última forma es algo más enfática.

## Para expresar **gran cantidad** usaremos «much», «many» y «a lot of / lots of»

## Much

### Se utiliza con nombres incontables, en oraciones negativas e interrogativas. Equivale a «mucho/a»:

Is there **much** wine in the bottle?
*¿Hay mucho vino en la botella?*

There isn't **much** grass for the cows
*No hay mucha hierba para las vacas*

## Many

### Se usa con nombres contables, en oraciones negativas e interrogativas (*). Equivale a «muchos/as»:

Do you have **many** plants at home?
*¿Tienes muchas plantas en casa?*

No, I don't have **many.** I have some.
*No, no tengo muchas. Tengo algunas*

(*) El determinante **«many»** también puede aparecer en algunas oraciones afirmativas.

There are **many** people
at the bus stop
*Hay mucha gente en
la parada del autobús*

## A lot of o lots of

Se usan con nombres contables e incontables, en oraciones afirmativas. Equivalen a «mucho/a/os/as»:

She has **a lot of** money
*Ella tiene mucho dinero*

There are **lots of** cars in the garage
*Hay muchos autos en el taller*

Si este cuantificador no acompaña a un sustantivo, solo se utiliza **«a lot»** o **«lots»**:

Are there many cars in the garage? Yes, there are **a lot.**
*¿Hay muchos autos en el taller? Sí, hay muchos*

**Much** y **many** también puede ser modificados por **too** y **so**:

| **too much** *(demasiado/a)* | **too many** *(demasiados/as)* |
|---|---|
| Rich people have **too much** money *Los ricos tienen demasiado dinero* | There are **too many** pictures on the walls *Hay demasiados cuadros en las paredes* |

| **so much** *(tanto/a)* | **so many** *(tantos/as)* |
|---|---|
| There isn't **so much** food in the fridge *No hay tanta comida en el refrigerador* | I don't have **so many** books *No tengo tantos libros* |

Para expresar **pequeña o poca cantidad** utilizaremos **«(a) little»** y **«(a) few»**

## A little

## A few

**A little** precede a nombres incontables. Equivale a «un poco (de)»:

**A few** acompaña a nombres contables. Equivale a «unos/as pocos/as»:

I have **a little** time to spare
*Tengo un poco de tiempo libre*

There are **a few** matches in the box
*Hay unos pocos fósforos en la caja*

En los ejemplos recién citados vemos que la cantidad que se nos indica es poca, pero suficiente. Si queremos expresar poca cantidad y, además, insuficiente, en lugar de «**a few**» y «**a little**», usaremos «**few**» y «**little**».

There are **few** matches in the box
*Hay pocos fósforos en la caja
(necesitaremos más)*

I have **little** time to spare
*Tengo poco tiempo libre
(me gustaría tener más)*

Hemos de recordar que todos los nombres incontables hacen conjugar al verbo en 3ª persona del singular, y, los contables, en plural:

There **is** <u>too much wine</u>
in the cup
*Hay demasiado vino
en la copa*

There **aren't** <u>many shirts</u>
in the wardrobe
*No hay muchas camisas
en el armario*

## How much? / How many?

Para preguntar por cantidades se utilizan dos expresiones:

**How much?** con
nombres incontables.
Equivale a «¿cuánto/a?»

**How much** coffee do you want?
*¿Cuánto café quieres?*

**How many?** con
nombres contables.
Equivale a «¿cuántos/as?»

**How many** people are there?
*¿Cuántas personas hay?*

Pero para preguntar el precio de algún producto no se suele utilizar
la palabra «money», sino simplemente: **how much + is/are ...?**

**How much is** the car?
*¿Cuánto vale el auto?*

**How much are** the tickets?
*¿Cuánto valen los boletos?*

**How many** dogs do you have?
I have **a few** (dogs)
*¿Cuántos perros tienes?*
*Tengo unos pocos*

**How much** flour does she need?
She doesn't need **much** (flour)
*¿Cuánta harina necesita ella?*
*No necesita mucha*

**How many** books are there
on the table? There aren't
**any** (books on the table)
*¿Cuántos libros hay en la mesa?*
*No hay ninguno*

**How much** money did you spend?
I spent **a lot** (of money)
*¿Cuánto dinero gastaste?*
*Gasté mucho*

# EJERCICIOS

Elige la respuesta correcta:

**a)** There'........ a map

is / s / re

**b)** ...... there many books?

Is / Are / Am

**c)** How ....... is it?

many / some / much

**d)** Are there ....... watches in the shop?

a little / many / much

**e)** There is .........sugar

any / some / many

**f)** How ....... cars do you have?

some / many / a lot of

**g)** I have ....... money

many / few / no

**h)** There is ........ milk

a few / a little / any

**i)** We have........ time

many / a few / a little

**j)** Are there ....... trees in the garden?

some / much / any

# Lección 5

ADJETIVOS Y PRONOMBRES
DEMOSTRATIVOS:
THIS, THAT...

PRONOMBRES
INTERROGATIVOS:
WHAT, WHO, WHERE...

PRONOMBRES INDEFINIDOS:
SOMETHING, ANYBODY...

## ADJETIVOS Y PRONOMBRES DEMOSTRATIVOS: THIS, THAT, THESE, THOSE

Los demostrativos son palabras que indican proximidad o lejanía de algo o alguien con respecto al hablante. Pueden ser adjetivos (si acompañan a un nombre) o pronombres.

Se usa **this** *(este, esta, esto)* para indicar que algo o alguien está cercano al hablante.

**This** book is interesting
*Este libro es interesante*

**This** is a diary
*Esto es una agenda*

Se usa **that** *(ese, esa, eso, aquel, aquella, aquello)* para indicar que algo o alguien está a cierta distancia o lejos del hablante:

**That** building is the theater
*Ese edificio es el teatro*

**That** is a good film
*Esa es una buena película*

Recuerda que **«that is»** se puede contraer en **«that's»**:

**That's** a good film

En plural, los demostrativos son **these** *(estos, estas)* y **those** *(esos, esas, aquellos, aquellas)*:

**These** girls are tall
*Estas chicas son altas*

I like **those** cars
*Me gustan esos autos*

**En resúmen:**

|  | singular | plural |
|---|---|---|
| cerca del hablante | **this** | **these** |
| lejos del hablante | **that** | **those** |

What is **that**?  **That**'s a lamp
*¿Qué es **eso**? **Eso** es una lámpara*

She lives in **this** apartment
*Ella vive en **este** apartamento*

Are **these** your dogs?
*¿ Son **éstos** tus perros?*

**Those** are my books
***Aquellos** son mis libros*

# PRONOMBRES INTERROGATIVOS: WHAT, WHO, WHERE...

Los pronombres interrogativos son palabras que utilizamos al principio de las preguntas para demandar información acerca de cosas, personas, lugares, momentos, etc.

| Básicamente son: | |
|---|---|
| What? | *¿Qué, (cuál)?* |
| Who? | *¿Quién?* |
| Where? | *¿Dónde?* |
| When? | *¿Cuándo?* |
| Why? | *¿Por qué?* |
| Whose? | *¿De quién?* |
| Which? | *¿Qué, cuál?* |
| How? | *¿Cómo?* |

**What, who** y **where** pueden formar contracciones con «**is**»: **what's, who's, where's**

**What**'s your name?
*¿Cuál es tu nombre?*

**Who** is that woman?
*¿Quién es esa mujer?*

**How** are you?
*¿Cómo estás?*

**Why** are they here?
*¿Por qué están ellos aquí?*

**Where**'s the car?
*¿Dónde está el coche?*

**When** is your birthday?
*¿Cuándo es tu cumpleaños?*

**Whose** are those books?
*¿De quién son esos libros?*

**Which** pencil is yours?
*¿Qué lapicero es el tuyo?*

A veces usaremos los pronombres interrogativos para expresar utilidad, compañía, procedencia, etc. En tal caso se han de usar algunas preposiciones, al igual que ocurre en español, pero, en inglés, éstas van colocadas al final de la frase (*):

**What** is it **for**?
*¿Para qué es?*

**Who** are you **with**?
*¿Con quién estás?*

**Where** are they **from**?
*¿De dónde son ellos?*

(*) El pronombre interrogativo **«whose»** no necesita preposición.

**Whose** is this car?
*¿De quién es este coche?*

# PRONOMBRES INDEFINIDOS: SOMETHING, ANYBODY, NOWHERE, EVERYONE...

Los pronombres indefinidos son los que utilizamos cuando nos referimos a personas, cosas y lugares, sin necesidad de antecedentes.

**SE FORMAN COMBINANDO**

| | |
|---|---|
| some | body |
| any | one |
| no | thing |
| every | where |

con

Los compuestos con **«body»** y **«one»** son sinónimos y se refieren a personas, con **«thing»** a cosas y con **«where»** a lugares.

**a)** Al igual que «some», sus compuestos se utilizan en oraciones afirmativas. Ya estudiamos en el capítulo 4 los usos de «some», «any» y «no». Sabemos que «some» y «any» indican cierta cantidad, luego:

| | | |
|---|---|---|
| **somebody, someone** | ⟶ | *alguien* |
| **something** | ⟶ | *algo* |
| **somewhere** | ⟶ | *en algún lugar* |

There's **someone** at the door
*Hay **alguien** en la puerta*

I need **something** to open the box
*Necesito **algo** para abrir la caja*

She put her glasses **somewhere**
*Ella puso sus gafas **en algún lugar***

**b)** «Any», como sus compuestos, se usan en oraciones negativas y en preguntas:

|  | en oraciones negativas | en preguntas |
|---|---|---|
| **anybody, anyone** | nadie | alguien |
| **anything** | nada | algo |
| **anywhere** | en ningún lugar | en algún lugar |

Is there **anyone** at home?

Yes, there is (**someone** at home)

No, there isn't (**anyone** at home)

I don't have **anything**
*No tengo nada*

Have you seen my
diary **anywhere**?
*¿Has visto mi agenda
en algún lugar?*

**c)** Los compuestos de «no» implican un sentido negativo, pero se usan en oraciones afirmativas (el verbo no lleva negación):

| | | |
|---|---|---|
| **nobody, no-one** | ⟶ | *nadie* |
| **nothing** | ⟶ | *nada* |
| **nowhere** | ⟶ | *(en) ningún lugar* |

**Nobody** came to the party
*Nadie vino a la fiesta*

I have **nothing** for you
*No tengo **nada** para ti*

**Nowhere** is safe
*Ningún lugar es seguro*

Recuerda que el pronombre **«no-one»** se escribe en dos palabras.

**d)** Los compuestos de «every» implican un sentido de totalidad y se utilizan en oraciones afirmativas, negativas e interrogativas:

| everybody, everyone | ⟶ | todos, todo el mundo |
| **everything** | ⟶ | todo, todas las cosas |
| **everywhere** | ⟶ | en todos los lugares, por todos sitios |

Where is **everybody**?
*¿Dónde están todos?*

**Everything** is on the table
*Todo está en la mesa*

There are people **everywhere**
*Hay gente por todos sitios*

Hay que recordar que cuando el verbo depende de un pronombre indefinido, se usa en 3ª persona del singular (como *he*, *she* o *it*)

Somebody **is** there
*Alguien está allí*

Everybody **sleeps** at night
*Todo el mundo duerme por la noche*

There **isn't** anyone at home
*No hay nadie en casa*

# EJERCICIOS

Elige la respuesta correcta:

**a)** ........ is my pencil.

That's / Those / This

**f)** ....... is he from?

Who / Where / What

**b)** Are ...... your glasses?

these / this / that

**g)** There's ......... at the door

someone / nowhere / anybody

**c)** ........ books are in my house

Those / That / This

**h)** There is ........ milk

a few / a little / any

**d)** ....... is your name?

Where / What / Who

**i)** Is ......... ..at work?

something / anyone / somebody

**e)** ...... are you?

When / Which / How

**j)** I have ..............

everywhere / nothing / anything

# Lección 6

## ADJETIVOS POSESIVOS

## PRONOMBRES POSESIVOS

## CASO GENITIVO

Los posesivos son palabras que indican pertenencia.

Son adjetivos posesivos, si acompañan a un nombre, y pronombres posesivos, si van en su lugar.

(*) para animales, cosas y situaciones

Los adjetivos posesivos son:

| | |
|---|---|
| **my** | mi, mis |
| **your** | tu, tus<br>su, sus (de usted) |
| **his** | su, sus (de él) |
| **her** | su, sus (de ella) |
| **its** | su, sus (de ello*) |
| **our** | nuestro/a, nuestros/as |
| **your** | su, sus (de ustedes) |
| **their** | su, sus (de ellos/as) |

| Los pronombres posesivos son: | |
| --- | --- |
| **mine** | mío/a/os/as |
| **yours** | tuyo/a/os/as<br>suyo/a/os/as (de usted) |
| **his** | suyo/a/os/as (de él) |
| **hers** | suyo/a/os/as (de ella) |
| **its** | suyo/a/os/as (de ello*) |
| **ours** | nuestro/a/os/as |
| **yours** | suyo/a/os/as(de ustedes) |
| **theirs** | suyo/a/os/as (de ellos/as) |

(*) para animales, cosas y situaciones

Como hemos dicho anteriormente, los adjetivos posesivos siempre acompañan a un nombre:

John is **my** brother
*John es mi hermano*

**Your** car is red
*Tu/su coche es rojo*

Where's **her** computer?
*¿Dónde está su computadora?*
*(de ella)*

**Its** streets are clean
*Sus calles están limpias*
*(de una ciudad)*

This is **our** house
*Esta es nuestra casa*

**Their** son is a lawyer
*Su hijo (de ellos)*
*es abogado*

Los adjetivos posesivos no varían si el nombre
al que acompañan es singular o plural:

**Your** car
*tu auto*

**Your** cars
*tus autos*

El adjetivo posesivo y el nombre se pueden sustituir
por un pronombre posesivo. Podemos recordarlos sabiendo
que tienen la misma forma que los adjetivos posesivos,
añadiéndoles una «s», excepto en los casos en los que
ya acaba en «s» (his, its), que se mantienen igual.
La única forma que realmente es diferente es «mine».

These are *my books*
*Estos son mis libros*

These books are **mine**
*Estos libros son míos*

It is *his umbrella*
*Es su paraguas*

It is **his**
*Es suyo (de él)*

It's *our newspaper*
*Es nuestro periódico*

It's **ours**
*Es nuestro*

That's *their house*
*Esa es su casa*

That's **theirs**
*Es suya (de ellos)*

Los pronombres posesivos también son invariables, sustituyan a un sustantivo singular o plural.

My car is old but **yours** is new
*Mi auto es antiguo pero el tuyo es nuevo*

The keys are **his**
*Las llaves son suyas (de él)*

Los posesivos, sobre todo los pronombres, se usan en las respuestas a la pregunta «**Whose...?**» *(¿de quién..?)*

Cuando se realiza una pregunta con «whose», el sustantivo puede ocupar dos posiciones:

Whose **shirt** is this?
Whose is this **shirt**?
*¿De quién es esta camisa?*

Whose coat is this?
**It's mine**
*¿De quién es este abrigo?*
*Es mío*

Whose cell phone is that?
**It's hers**
*¿De quién es ese celular?*
*Es suyo (de ella)*

Whose are those cards?
They're **ours**
*¿De quién son esas tarjetas?*
*Son nuestras*

# EL CASO GENITIVO

Hay otra manera de expresar posesión, que es por medio del llamado **caso genitivo**. Se usa cuando aparecen tanto el poseedor (que ha de ser una persona o animal), como lo poseído. Es una estructura sencilla, pero hemos de tener en cuenta una inversión de orden respecto al español.

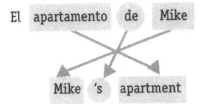

El apartamento de Mike

Mike 's apartment

**a)** Vemos que en primer lugar se coloca el poseedor, se le añade **'s (apóstrofe + s)** y, a continuación, aquello que se posee. El artículo que, en español, suele acompañar a lo que se posee, desaparece en inglés.

My brother**'s** name is Richard
*El nombre de mi
hermano es Richard*

I have William**'s** notebook
*Tengo el cuaderno
de William*

**b)** Cuando el poseedor es un nombre de persona y acaba en «s», se puede añadir sólo el apóstrofe (') o bien el apóstrofe + s ('s).

James' dog = James's dog
*El perro de James*

**c)** Pero si el poseedor acaba en «s» por ser un nombre plural, sólo se añade el apóstrofe ('):

His parents' address
*La dirección de sus padres*

**d)** Con nombres plurales que no acaben en «s», añadir «'s»:

The men**'s** diaries are on the table
*Las agendas de los hombres están en la mesa*

Tenemos que saber diferenciar entre:

My sister**'s** pet
*La mascota de mi hermana*

My sisters**'** pet
*La mascota de mis hermanas*

Cuando nos encontremos « 's» hay que prestar atención y no confundir el «*caso genitivo*» con la contracción de «*is*» o de «*has*», que se forman de la misma manera.

Tony**'s** car   *(genitivo)* ⟶ *El auto de Tony*
Tony**'s** a good student   *(is)* ⟶ *Tony es un buen estudiante*
Tony**'s** been to Italy   *(has)* ⟶ *Tony ha estado en Italia*

# EJERCICIOS

Completa con el posesivo adecuado:

**a)** That is her umbrella.

It's ...................

**b)** It's ................ car.

It's mine.

**c)** They're ......... dictionaries.

They're his.

**d)** ............. streets are clean

(New York)

**e)** These are our pets.     They are ...............................

Formula el caso genitivo:

**f)** Bob has a brother.

He is Tom:................is Tom

**g)** My parents have a house.

It is big:...........is big.

**h)** Charles has a pet.

His pet is a dog: .........is a dog.

**i)** Mike has two bicycles.

They are old:............. are old

**j)** Our sister has a friend. She is Sheila: ..........................is Sheila

# Lección 7

## PRESENTE SIMPLE

## VERBO «TO HAVE»

## «HAVE» Y «HAVE GOT»

El **presente simple** de cualquier verbo que no sea «to be» se forma con el **infinitivo del verbo sin «to»** y lo utilizamos para expresar acciones que son habituales o rutinarias.

### Se forma de la siguiente manera:

#### To speak (hablar)

| | | | |
|---|---|---|---|
| I **speak** | yo hablo | we **speak** | nosotros/as hablamos |
| you **speak** | tú hablas, usted habla | you **speak** | ustedes hablan |
| he **speaks** | él habla | | |
| she **speaks** | ella habla | they **speak** | ellos/as hablan |
| it **speaks** | habla | | |

En presente vemos que todas las personas tienen la misma forma, excepto la 3ª persona del singular (he, she, it), que añade una «**s**».

She **speaks** Spanish
*Ella habla español*

They **work** in the USA
*Ellos trabajan en los EEUU*

I **live** in Miami
*Vivo en Miami*

Añadir una «**s**» para *he*, *she* o *it* es la regla general, pero depende del verbo. Así: **a)** cuando el infinitivo acaba en «**s**», «**sh**», «**ch**», «**x**», o «**z**», la tercera persona añade «**es**»:

push (empujar)
He **pushes** the door
*Él empuja la puerta*

watch TV (ver la TV)
She **watches** televisión
*Ella ve la televisión*

**b)** cuando el infinitivo acaba en «**o**», se añade «**es**»:

**go (ir)**

She **goes** to school everyday
*Ella va a la escuela
todos los días*

**c)** cuando el infinitivo acaba en **«y»:**

| | |
|---|---|
| - si la «y» va precedida de una vocal, se añade **«s»:** | - si la «y» va precedida de una consonante, cambia a **«i»** y se le añade **«es»:** |
| play (jugar) <br> He **plays** tennis <br> *Él juega al tenis* | study (estudiar) <br> She **studies** English <br> *Ella estudia inglés* |

Ya sabemos cuándo se utiliza y cómo se forma el presente simple de manera afirmativa. A continuación aprenderemos a hacer oraciones negativas e interrogativas.

## PRESENTE SIMPLE EN ORACIONES NEGATIVAS

En el capítulo 1 aprendimos cómo se negaba el presente del verbo «to be». Ahora veremos que la mayoría de los verbos lo hacen de manera diferente. Ello se debe a que el verbo «to be» es auxiliar y la mayoría de los verbos, no.

Para **negar una acción en presente** usaremos **don't (do not)** y **doesn't (does not)** y añadimos el infinitivo del verbo:

| | | | |
|---|---|---|---|
| I **don't speak** | *yo no hablo* | we **don't speak** | *nosotros/as no hablamos* |
| you **don't speak** | *tú no hablas*<br>*usted no habla* | you **don't speak** | *ustedes no hablan* |
| he **doesn't speak**<br>she **doesn't speak**<br>it **doesn't speak** | *él no habla*<br>*ella no habla*<br>*no habla* | they **don't speak** | *ellos/as no hablan* |

Se utiliza **«don't»** para todas las personas, excepto para la 3ª del singular, que usa **«doesn't»**.

I **don't speak** Italian
*No hablo italiano*

She **doesn't live** in New York
*Ella no vive en Nueva York*

We **don't play** basketball
*No jugamos a baloncesto*

En las oraciones negativas el verbo es igual para todas las personas. La «s» de la tercera persona del singular va marcada en «doesn't», y no en el verbo.

You *don't* **work** hard
*Tú no trabajas duro,*
*usted no trabaja duro,*
*ustedes no trabajan duro*

He *doesn't* **work** hard
*Él no trabaja duro*

# PRESENTE SIMPLE EN PREGUNTAS

**«Do»** se usa para todas las personas, excepto para la 3ª persona del singular (he, she, it), que utiliza **«does»**.

Para hacer una **pregunta** en presente se han de utilizar los auxiliares **«do»** y **«does»** y el verbo en infinitivo (sin «to»).

Al ser pregunta, sabemos que hay una inversión de orden. En este caso, **«do»** y **«does»** se colocan delante del sujeto:

**Do** you speak English?
*¿Hablas inglés?*
*¿Habla usted inglés?*

**Does** he speak English?
*¿Habla él inglés?*

Vemos que, en ambos casos, el verbo tiene la misma forma. La diferencia está en el uso de «do» y «does», dependiendo del sujeto.

Si la pregunta la hacemos de forma negativa, usaremos «don't» y «doesn't».

**Don't** you like dancing?
*¿No te gusta bailar?*

**Doesn't** he work in Atlanta?
*¿Él no trabaja en Atlanta?*

Cuando se realizan preguntas que empiezan por **«do»** o **«does»**, la respuesta puede ser afirmativa o negativa. De forma corta serían:

**Do** you live in Florida?

Yes, I **do**

No, I **don't**

**Does** your sister play the piano?

Yes, she **does**

No, she **doesn't**

Hay que tener cuidado y no confundir el auxiliar «do» con el verbo «to do» (hacer). Ambos pueden aparecer en una oración, pero uno es auxiliar y el otro, verbo:

What **do** you **do**?
*¿Qué haces? ¿A qué te dedicas?*

You **don't do** your homework
*Tú no haces tus deberes*

Además de utilizarse para expresar acciones habituales, el presente simple también se usa para:

**a)** Expresar opiniones y creencias:

I **think** she is Argentinian
*Creo/Pienso que ella es argentina*

**believe** / *Creo*

**suppose** / *Supongo*

**b)** Expresar gustos o preferencias:

I **like / dislike / love / hate** that music

*Me gusta / no me gusta / me encanta / odio esa música*

**c)** Expresar acciones futuras que dependen de un horario o calendario:

My train **leaves** at six
*Mi tren sale a las seis*

The course **starts** in October
*El curso empieza en octubre*

# PRESENTE SIMPLE DEL VERBO «TO HAVE»

El verbo **«to have»** *(tener, haber)* es uno de los más importantes en inglés, tanto por su uso como por su significado. Ya iremos estudiando distintas funciones de este verbo en posteriores capítulos, pero, en éste, veremos el verbo **«to have»** con el significado de **«tener, poseer»**.

En presente conjuga:

| | | | |
|---|---|---|---|
| I **have** | *yo tengo* | we **have** | *nosotros/as tenemos* |
| You **have** | *tú tienes, usted tiene* | you **have** | *ustedes tienen* |
| He **has** | *él tiene* | | |
| She **has** | *ella tiene* | they **have** | *ellos/as tienen* |
| It **has** | *tiene* | | |

Hay que notar que la 3ª persona del singular no se forma añadiendo una «s» a «have», sino que es **«has»**.

I **have** a house in New York
*Tengo una casa en Nueva York*

He **has** some money in his pocket
*Él tiene dinero en su bolsillo*

We **have** a lot of books at home
*Tenemos muchos libros en casa*

### En oraciones negativas:

You **don't have** a car
*Tú no tienes auto,*
*usted no tiene auto*

She **doesn't have**
much time
*Ella no tiene mucho tiempo*

They **don't have** a dog
*Ellos no tienen perro*

### En preguntas:

**Do** you **have** a big house?
*¿Tienes una casa grande?*
*¿Tiene usted una casa grande?*

**Does** your father
**have** a computer?
*¿Tiene tu padre*
*una computadora?*

**Do** you **have** a problem?
*¿Tienen ustedes*
*algún problema?*

Yes, we **do**
*Sí, lo tenemos*

No, we **don't**
*No, no lo*
*tenemos*

# «HAVE» Y «HAVE GOT»

Una forma sinónima de **«have»** es **«have got»**, pero existen algunas diferencias entre ambas. Las dos significan «tener», aunque «have» suele tener un uso más formal. La diferencia más importante entre ambas es que «have» no es auxiliar y «have got», sí. Ello quiere decir que: la forma negativa de «have got» será «haven't got» y no «don't have got», y que para formular preguntas, en el caso de «have got», este «have» invierte el orden con el sujeto.

Además, «have got» puede contraerse con el sujeto, mientras que «have» no puede:

| Have/has | Have got/has got |
|---|---|
| I **have** a house | I **have got** (I**'ve got**) a house |
| *Tengo una casa* | *Tengo una casa* |
| She **doesn't have** children | She **hasn't got** children |
| *Ella no tiene hijos* | *Ella no tiene hijos* |

**Do** you **have** a blue car? No, I **don't** *¿Tienes un coche azul? No, no lo tengo*

**Have** you **got** a blue car? No, I **haven't** *¿Tienes un coche azul? No, no lo tengo*

Otro significado del verbo **«to have»** es **«tomar»**, bien sea comida o bebida:

She **has** some coffee and a sandwich for breakfast
*Ella desayuna café y un sandwich*

Como ya aprendimos en el capítulo 1, hay expresiones que contienen el verbo «tener» en español, pero que no equivalen a «to have» en inglés. Algunas de ellas son: tener .... años, tener hambre, tener sed, tener suerte o tener calor/frío. En todos estos casos el verbo «tener» equivale a «to be».

# EJERCICIOS

## Transforma a oraciones negativas:

**a)** They watch TV:.................................................................

**b)** She has got a blue shirt:.....................................................

**c)** My mother plays soccer:......................................................

**d)** I sing opera:....................................................................

## Transforma a oraciones interrogativas:

**e)** You speak English:.............................................................

**f)** They have a new job:..........................................................

**g)** He studies German:............................................................

Elige la respuesta correcta:

**h)** Sally ........... to the cinema every weekend      go / goes / gos

**i)** He ........... the violin in an orchestra      plays / playes / play

**j)** My father ........... three languages      speak / speakes / speaks

# Lección 8

ADVERBIOS DE
FRECUENCIA: ALWAYS,
SOMETIMES, NEVER…
INTENSIFICADORES:
VERY, TOO, ENOUGH.

CONJUNCIONES:
AND, OR, BUT.

## ADVERBIOS DE FRECUENCIA

Estos adverbios
nos indican la frecuencia
con la que se realizan
las acciones y, en
muchos casos, responden
a la pregunta:

**How often...?**
*(¿Con qué frecuencia...?)*

**ADVERBIOS DE FRECUENCIA**

Entre ellos están:

| | |
|---|---|
| **always** | siempre |
| **usually** | normalmente |
| **generally** | generalmente |
| **often** | a menudo |
| **sometimes** | a veces |
| **rarely, seldom** | pocas veces, raras veces |
| **hardly ever** | casi nunca |
| **never** | nunca |

Su posición en la oración depende del verbo. Si el verbo es «to be», el adverbio de frecuencia se coloca detrás del verbo. Si el verbo no es «to be» o auxiliar, el adverbio ha de ir delante del verbo.

I am **never** at home before 7:00
*Nunca estoy en casa antes de las 7:00*

He **always** gets up early
*Él siempre se levanta temprano*

Pero algunos de ellos, como «usually» o «sometimes», pueden ir también al principio e incluso al final de la oración:

**Sometimes** I work at night   *A veces trabajo por la noche*

**How often** do you play chess?
*¿Con qué frecuencia juegas al ajedrez?*

I **rarely** play chess
*Rara vez juego al ajedrez*

**How often** does John drive his car?
*¿Con qué frecuencia maneja John su auto?*

He **often** drives his car
*A menudo maneja su auto*

**How often** are they late for work?
*¿Con qué frecuencia llegan tarde al trabajo?*

They are **never** late for work
*Nunca llegan tarde al trabajo*

Otra manera de expresar frecuencia es decir la cantidad de veces que se hace algo. Así:

| | | | |
|---|---|---|---|
| **Once** | *una vez* | | day |
| **Twice** | *dos veces* | a | week |
| **Three times** | *tres veces* | | month |
| **Many times** | *muchas veces* | | year |

She eats fish **twice a week**
*Ella come pescado dos veces a la semana*

I take this tablet **three times a day**
*Tomo esta pastilla tres veces al día*

# INTENSIFICADORES: VERY, TOO, ENOUGH

Son adverbios que nos indican la intensidad o grado de una acción, de un adjetivo o de otro adverbio.

En esta sección nos ocuparemos de:

| | |
|---|---|
| **very** | *muy* |
| **too** | *demasiado* |
| **enough** | *suficientemente* |

# Very

## Se coloca delante de un adjetivo o adverbio para fortalecerlo

The film is **very** interesting
(very + adjetivo)
*La película es muy interesante*

She speaks **very** slowly
(very + adverbio)
*Ella habla muy despacio*

# Enough

Si modifica a un adjetivo o a otro adverbio, se coloca detrás de ellos

Is your drink cold **enough**?
*¿Está tu bebida lo suficientemente fría?*

You don't work hard **enough**
*No trabajas lo suficientemente duro*

«**Enough**» también puede ser un determinante que acompañe a nombres, pero, en este caso, se coloca delante de ellos y significa «**suficiente**»:

They have **enough** time
*Ellos tienen suficiente tiempo*

Is there **enough** milk in the fridge?
*¿Hay suficiente leche en el refrigerador?*

# Too

## Se coloca delante del adjetivo o adverbio que modifique

This cell phone is **too** expensive
*Este celular es demasiado caro*

My mother works **too** hard
*Mi madre trabaja demasiado (duro)*

Hay que tener cuidado y no confundir «too» cuando significa «demasiado» y cuando significa «también».
En este último caso, «too» va al final de la oración.

I like cakes, **too.**   *También me gustan los pasteles*

# CONJUNCIONES: AND, OR, BUT

Las conjunciones **«and»**, **«or»** y **«but»** son las más usadas en inglés y sirven para unir elementos en la oración, pero con distintas funciones.

| And | Or |
|---|---|
| Equivale a **«y»**. Se usa para añadir elementos e información: | Equivale a **«o»** y se usa para presentar una alternativa |
| They are Paula **and** Steve<br>*Son Paula y Steve* | Is your name John **or** Gene?<br>*¿Su nombre es John o Gene?* |
| I am at home **and** she is at work<br>*Yo estoy en casa y ella está en el trabajo* | Do you prefer sugar **or** honey?<br>*¿Prefieres azúcar o miel?* |

## But

Equivale a **«pero»** y a **«sino»**. Se utiliza para mostrar contraste

I like vegetables
**but** I don't like fish
*Me gustan las verduras pero
no me gusta el pescado*

She doesn't live in California
**but** in Nevada
*Ella no vive en California,
sino en Nevada*

## EJERCICIOS

Elige la respuesta correcta:

**a)** How ....... do you
get up late?
never / often / rarely

**b)** I .............go to work
by bus (a veces)
sometimes / always / seldom

**c)** They are ......... listening to
the radio (siempre)
never / always / usually

**d)** Do you ............... have
lunch at 12? (normalmente)
rarely / usually / sometimes

**e)** The film was ........... boring

enough / very / how

**f)** Is the soup hot ...............?

very / too / enough

**g)** Do you have ........ money?

enough / too / very

**h)** It's .......... hot

too / enough / is

**i)** I don't speak French,
........... Spanish
and / but / or

**j)** Do you prefer golf
........ tennis?
but / and / or

# Lección 9

## ADVERBIOS Y PREPOSICIONES DE LUGAR (IN, ON, AT)

## ADVERBIOS Y PREPOSICIONES DE TIEMPO (IN, ON, AT)

## ADVERBIOS Y PREPOSICIONES DE LUGAR

Los adverbios de lugar nos indican dónde ocurre la acción. Suelen ir colocados al final de la frase, después del verbo o del objeto, si lo hay, aunque algunos de ellos también aparecen al principio de la frase.

## ADVERBIOS Y PREPOSICIONES DE LUGAR

Entre ellos están:

| | |
|---|---|
| **somewhere** | en algún lugar |
| **everywhere** | por todas partes |
| **in(side)** | dentro |
| **out(side)** | fuera |
| **nearby** | cerca, cercano |
| **away** | lejos, lejano |
| **here** | aquí, acá |
| **there** | allí, allá |

There are pictures **everywhere**
*Hay cuadros por todas partes*

My mother is **away**
*Mi madre está lejos*

Dos de los adverbios de lugar más usados
son «here» y «there»

«**Here**» se usa para expresar cercanía al hablante y equivale a «aquí, acá».

Come **here**, please!
*¡Ven aquí, por favor!*

«**There**» implica lejanía respecto al hablante y equivale a «allí, allá».

The children are **there**
*Los niños están allí*

- Pueden combinarse con preposiciones en otras expresiones:

over here, over there
*por aquí, por allí*

right here, right there
*aquí mismo, allí mismo*

up here, up there
*aquí arriba, allí arriba*

The book is **up there**
*El libro está allí arriba*

down here, down there
*aquí abajo, allí abajo*

I saw my glasses **over there**
*Vi mis lentes por allí*

- Pueden ir al principio de exclamaciones: a) Precederán al verbo si el sujeto es un nombre:

**Here** comes my cousin!
*¡Aquí viene mi primo!*

**b)** O al pronombre, si éste es el sujeto:

**Here** you are! / **There** you are!
*¡Aquí tiene! (cuando se entrega algo a alguien)*

Algunos adverbios de lugar pueden funcionar también como preposiciones, es decir, acompañando a nombres o pronombres.

Entre las preposiciones de lugar más usadas están:

**In** | *en (dentro de)*

**a)** Para lugares cerrados: in the room, in the bag.

**b)** Para lugares abiertos, con límites definidos: in the park, in New York.

The key is **in** the drawer
*La llave está en el cajón*

I live **in** Los Angeles
*Vivo en Los Angeles*

## On | en (sobre)

**a)** Para expresar «encima de algo con lo que se contacta»: on the (first) floor, on the table

There's an ashtray
**on** the table
*Hay un cenicero en la mesa*

**b)** En ciertas expresiones: on the left *(a la izquierda)*, on the right *(a la derecha)*, on the radio *(en la radio)*, on TV *(en televisión)*, etc.

There's nothing interesting
**on** TV tonight
*No hay nada interesante en la television esta noche*

**c)** Con nombres de calles:

I live **on** Lincoln Street  *Vivo en la calle Lincoln*

## At | en (un punto)

**a)** Para lugares determinados: at the door *(en la puerta)*, at the traffic light *(en el semáforo)*

She is **at** the bus stop
*Ella está en la parade del autobús*

I live **at** 6, Lincoln Ave.
*Vivo en la avenida Lincoln, n° 6*

**b)** En ciertas expresiones: at home *(en casa)*, at work *(en el trabajo)*, at school *(en la escuela)*, at someone's house *(en casa de alguien)*. Una diferencia entre «in» y «at» es que, con algunos lugares, «in» se refiere al local en sí, mientras que «at» se refiere a la actividad que allá se desarrolla:

The children are **in the school**
*Los niños están en la escuela*
*(dentro de ese recinto)*

The children are **at school**
*Los niños están en la escuela*
*(estudiando)*

**c)** Al dar direcciones exactas (calle y número):

I live **at** 25, Lincoln Street   *Vivo en la calle Lincoln, número 25*

Otras preposiciones son:

| | | | |
|---|---|---|---|
| **over** | *por encima de* | **near** | *cerca* |
| **under** | *debajo de* | **close to** | *cerca de* |
| **in front of** | *delante de* | **far** | *lejos* |
| **behind** | *detrás de* | **between** | *entre (dos)* |
| **across from**, **opposite**: *enfrente de* | | **among**: | *entre (más de dos)* |
| **next to** | *junto a* | **at /on the corner (of)** | *en la esquina (de)* |

The chair is **next to** the table
*La silla está junto a la mesa*

Our house is **between** the shop and the bank
*Nuestra casa está entre la tienda y el banco*

There's a man **behind** you
*Hay un hombre detrás de ti*

## ADVERBIOS Y PREPOSICIONES DE TIEMPO

Estas expresiones nos indican cuándo tiene lugar la acción.

## Entre los adverbios de tiempo están:

| | | | |
|---|---|---|---|
| **today** | *hoy* | **now** | *ahora* |
| **tonight** | *esta noche* | **soon** | *pronto* |
| **yesterday** | *ayer* | **later** | *más tarde, después* |
| **tomorrow** | *mañana* | **before** | *antes* |
| **early** | *temprano* | **late** | *tarde* |

**(two weeks) ago** *hace (dos semanas)*

**last month, last year...** *el mes pasado, el año pasado*

**next month, next year...** *el mes próximo, el año próximo*

### Suelen ir colocados al final de la oración, pero, en muchas ocasiones, también van al principio:

It's **late** *Es tarde*

See you **later**!
*¡Nos vemos más tarde!*

**Yesterday** they went to the theatre
*Ayer fueron al cine*

It's cold **today**
*Hoy hace frío*

I went to the cinema
**three weeks ago**
*Fui al cine hace
tres semanas*

También se utilizan preposiciones en expresiones de tiempo:

| **after** *después de* | **before** *antes de* |
|---|---|
| I will do my homework **after** the class *Haré mis deberes después de la clase* | She got home **before** eight o'clock *Ella llegó a casa antes de las ocho* |

**«In»**, **«on»** y **«at»** son preposiciones muy usadas en
expresiones temporales y pasamos a estudiarlas a continuación

## In se usa:

### a) con meses, estaciones, años y siglos:

The exam is **in** April
*El examen es en abril*

I have holidays **in** summer
*Tengo vacaciones en verano*

My credit card expires **in** 2015
*Mi tarjeta de crédito vence en 2015*

Recuerda que, en inglés, los días de la semana y
los meses del año se escriben con mayúscula.

### b) con partes del día:

**in** the morning
*por la mañana*

**in** the afternoon
*por la tarde*

**in** the evening
*por la tarde/noche*

pero: **at** night *por la noche*

They get up early **in** the morning
*Ellos se levantan temprano
por la mañana*

### c) cuando nos referimos a «dentro de un período de tiempo»:

You will learn English
**in** three months
*Aprenderás inglés en tres meses*

I'll be home **in** two hours
*Estaré en casa dentro
de dos horas*

## On se usa:

**a)** al referirse a un día o a una fecha determinada:

I go to the gym **on** Wednesdays
*Voy al gimnasio los miércoles*

She was born **on** July, 12.
*Ella nació el 12 de julio*

**b)** si nos referimos a un día y a una parte de ese día, se usa «on», pero desaparece «in the» delante de la parte del día:

I usually go out **on** Saturday (in the) evenings
*Normalmente salgo los sábados por la noche*

### Con «tomorrow» o «yesterday», no se usa «on»:

They are coming tomorrow morning
*Ellos vienen mañana por la mañana*

### c) en expresiones como «**on** the weekend / **on** weekends» (el fin de semana/los fines de semana)

I never work **on** weekends
*Nunca trabajo el fin de semana*

## **At** se usa:

### a) al hablar de horas:

I start work **at** 8:00
*Empiezo a trabajar a las 8:00*

They have lunch **at** noon
*Ellos almuerzan a mediodía*

### b) en expresiones:

**at** the age of   *a la edad de*
**at** night   *por la noche*

**at** the time, **at** the moment
*en el momento*

She could read **at** the age of five
*Ella sabía leer a la edad de cinco años*

**At** the time of the accident
there wasn't much traffic
*En el momento del accidente
no había mucho tráfico*

### c) con ciertos períodos de tiempo:

**at** Christmas
*en Navidad*

**at** Easter
*en Semana Santa*

There are a lot of
celebrations **at** Easter
*Hay muchas celebraciones
en Semana Santa*

Cuando en una oración tengamos un adverbio de lugar y otro
de tiempo, ambos se suelen colocar al final, situando primero el
de lugar, y, después, el de tiempo. Pero el adverbio de tiempo
también puede ir al principio de la frase:

I am <u>here</u> *today*   *Estoy aquí hoy*
They went <u>to the cinema</u> *last night*   *Ellos fueron al cine anoche*
*Last night* they went <u>to the cinema</u>   *Ellos fueron al cine anoche*

# EJERCICIOS

Elige la respuesta correcta: (in, on, at)

**a)** The book is ........
the shelf

**f)** We did it .........
a week

**b)** There's a man ........
the door

**g)** My birthday is .........
March, 12

**c)** I have a camera .........
a drawer

**h)** I always meet my
family ......... Christmas

**d)** The children are .......
the bedroom

**i)** It's very hot
.........summer

**e)** She is ........ work

**j)** Do you have breakfast
...... the morning?

# Lección 10

## EL GERUNDIO

## EL PRESENTE CONTINUO

## EL GERUNDIO

El gerundio es una forma verbal que se utiliza con distintas funciones. Una de ellas es que expresa una acción continuada, en progreso. Corresponde a las formas acabadas en «-ando» e «-iendo» en español (jugando, corriendo).

En inglés se forma de la siguiente manera:

**a)** Al infinitivo del verbo (sin «to») se le añade «-ing»:

**work + ing = working**
*trabajando*

**b)** Si el infinitivo acaba en «e» muda (que no se pronuncia), la «e» desaparece y se añade «-ing»:

**close + ing = closing**
*cerrando*

**have + ing = having**
*teniendo*

**c)** Si el infinitivo acaba en «e» sonora, se añade «-ing», sin cambio alguno:

**be + ing = being**
*siendo/estando*

**see + ing = seeing**
*viendo*

**d)** Si el infinitivo acaba en «ie», éstas cambian a «y» y se añade «-ing»:

**die + ing = dying**
*muriendo*

**lie + ing = lying**
*mintiendo*

**e)** Si el infinitivo acaba en «y», sólo se añade «-ing»:

**fly + ing = flying**
*volando*

**play + ing = playing**
*jugando*

**f)** Si el infinitivo acaba en la secuencia de letras: consonante-vocal-consonante y, además, la sílaba acentuada es la última, antes de añadir «-ing» se ha de doblar la última consonante:

**run + ing = running**
*corriendo*

**begin + ing = beginning**
*comenzando*

**g)** Si el infinitivo acaba en consonante-vocal-consonante pero el acento no recae en la última sílaba, no se dobla la última consonante antes de añadir «-ing»:

**listen + ing = listening**
*escuchando*

**visit + ing = visiting**
*visitando*

**h)** La «w» y la «y» son semiconsonantes, por lo que no se duplican en ningún caso:

**snow + ing = snowing**
*nevando*

**play + ing = playing**
*jugando*

Entre las funciones que puede tener el gerundio están:

**a)** Sujeto. Cuando un verbo funciona de sujeto en una oración, en inglés se usa el gerundio, aunque en español sea infinitivo.

**Eating** vegetables is healthy
*Comer vegetales es sano*

**b)** Forma parte de algunas estructuras verbales:

I **like dancing**
*Me gusta bailar*

Can you **stop talking**, please?
*¿Pueden dejar de hablar por favor?*

**c)** Se usa para formar los tiempos continuos de los verbos.

They **are doing** their homework
*Están haciendo sus deberes*

**d)** Se utiliza cuando un verbo va después de cualquier preposición, excepto «to»:

I am good at **painting**
*Se me da bien pintar*

**e)** Después de «to» en algunas expresiones, entre las que están:

She's *used to* **driving**
*Ella está acostumbrada a conducir*

I'm *looking forward to* **seeing** you
*Estoy deseando verte*

# EL PRESENTE CONTINUO

El presente continuo es el tiempo que utilizamos cuando queramos expresar:

**1)** una acción que está transcurriendo en el momento en que se habla:

**I am studying** the present continuous now
*Estoy estudiando el presente continuo ahora*

**2)** una acción inacabada, cercana al momento en que se habla, aunque no necesariamente en ese momento:

**She is reading** a book
*Ella está leyendo un libro (quizás no en este momento, pero no ha acabado la acción)*

**3)** para indicar intención de realizar alguna acción en el futuro, que ya ha sido planeada u organizada:

**We're moving** next month
*Nos mudamos el mes próximo*

El presente continuo se forma con el presente del verbo «to be» y el gerundio del verbo principal:

|  |  | am |  |
|---|---|---|---|
| Sujeto | + | are | +   verbo (-ing) + complementos |
|  |  | is |  |

You **are learning** English
*Tú estás aprendiendo inglés*

**a) De forma afirmativa es:**

| | |
|---|---|
| I **am learning** | *yo estoy aprendiendo* |
| You **are learning** | *tú estás aprendiendo* |
| He **is learning** | *él está aprendiendo* |
| She **is learning** | *ella está aprendiendo* |
| It **is learning** | *está aprendiendo* |
| We **are learning** | *nosotros/as estamos aprendiendo* |
| You **are learning** | *ustedes están aprendiendo* |
| They **are learning** | *ellos/as están aprendiendo* |

Se pueden usar todas las contracciones del sujeto con el verbo «to be»:

**I'm** having a cake
*Estoy comiendo un pastel*

**We're** watching a film on TV
*Estamos viendo una película
en televisión*

**b)** Para negar acciones en presente continuo, únicamente hay
que negar el verbo «to be» (am not, aren't, isn't):

I'm **not waiting** for the bus          She **isn't wearing** glasses
*Yo no estoy esperando el autobús*          *Ella no lleva gafas*

My neighbors **aren't listening** to music
*Mis vecinos no están escuchando música*

**c)** Para hacer preguntas, se invierte el orden entre el sujeto y el verbo «to be»:

**Is** he **playing** the drums?
*¿Está él tocando la batería?*

What **are** you **doing**?
*¿Qué estás haciendo?*

**d)** Para responder de forma corta se utiliza el verbo «to be»:

Is Mary cooking?
*¿Está Mary cocinando?*

Yes, she **is**
*Sí, lo está*

No, she **isn't**
*No, no lo está*

Are you learning many things?
Yes, I **am**
*¿Estás aprendiendo muchas cosas? Sí*

Is it raining?
No, it **isn't**
*¿Está lloviendo?*
*No, (no lo está).*

Are we studying Chinese?
No, we **aren't**
*¿Estamos estudiando chino? No, (no lo estamos)*

What **are** you **doing**?
**I'm reading** the paper
*¿Qué estás haciendo?*
*Estoy leyendo el periódico*

Why **is** she **crying**? Because she is sad
*¿Por qué está llorando ella?*
*Porque está triste*

Where **is** he **staying**? He's **staying** at Paul's
*¿Dónde se está quedando él?*
*Se está quedando en casa de Paul*

# EJERCICIOS

Forma el gerundio de estos verbos:

**a)** run: ..............................

**b)** fly: ..............................

**c)** come: ..............................

**d)** play: ..............................

**e)** begin: ..............................

Elige la respuesta correcta:

**f)** They .................... in Miami
are working / is working / are getting

**g)** She .........................a letter
is writeing / is writing / is writting

**h)** Our children ......................... geography
is studying / are studing / are studying

**i)** We ...........................to drive
are learning / is learning / am learning

**j)** He ........................... his eyes
is closeing / is closing / are closing

SOLUCIONES

a) running / b) flying / c) coming (d) playing / e) beginning / f) are working / g) is writing / h) are studying / i) are learning / j) is closing

94

# Lección 11

## VERBOS AUXILIARES

## VERBOS MODALES (I)

## VERBOS AUXILIARES

Los verbos y las partículas auxiliares nos ayudarán a formar algunas estructuras y expresar algunas funciones. La inmensa mayoría de los verbos necesitarán de estos auxiliares para negar, preguntar o formar algunos tiempos verbales, que se detallan a continuación.

**a)** El verbo **«to be»** es auxiliar y, por ello:

| - forma la negación él mismo, añadiendo «not» al verbo (am not, aren't, isn't): He **isn't** Spanish | - para las preguntas, él invierte el orden con el sujeto: **Are** you American? | - también se usa para las respuestas cortas: Yes, I **am** |
|---|---|---|

**b)** Si el verbo no es auxiliar:

- para las negaciones en presente se hará uso del auxiliar **«do»** (don't, doesn't):
They **don't** speak Portuguese

- para las preguntas, **«do»** se coloca ante el sujeto
**Do** you speak English?

- para el pasado, se utiliza **«didn't»** en las negaciones y **«did»** en las preguntas.
I **didn't** use the computer
**Did** you buy an umbrella?

- todas ellas también se usan en respuestas cortas.
Yes, she **does**
No, they **didn't**

Recordemos que tenemos que diferenciar entre el auxiliar «do» y el verbo «to do», que significa «hacer», y que no es auxiliar.
I **don't do** anything / *Yo no hago nada*

**c)** El verbo «to have» no es auxiliar, pero **«have»** será auxiliar para el pretérito perfecto y pluscuamperfecto.

We **haven't** seen that film
*No hemos visto esa película*

**d)** Los **verbos modales** son todos auxiliares.

# VERBOS MODALES (I)

Son los siguientes:
**can, could, may, might, shall, will, would, must** y **should.**

Como hemos dicho, todos son auxiliares y, salvo en respuestas cortas, siempre van acompañando a un verbo, al que «auxilian» para poder expresar algunas funciones.

Son verbos peculiares:

**a)** nunca van precedidos ni seguidos de la partícula «to», aunque siempre acompañan a infinitivos:

You **should study** more    NO ⟶ You should to study more

**b)** nunca añaden «-s» para la 3ª persona en singular del presente, es decir, son invariables para todas las personas:

She **can** play the guitar    NO ⟶ She cans play the guitar

**c)** un modal nunca puede acompañar a otro modal:

He **will have to** fill in the form    NO ⟶ He will must fill in the form

### Sus formas son:

| afirmativa | negativa | interrogative |
|---|---|---|
| can | cannot/can't | Can + sujeto + inf...? |
| could | couldn not/couldn't | Could + sujeto + inf...? |
| may | may not | May + sujeto + inf...? |
| might | might not/mightn't | |
| shall | shall not/shan't | Shall + sujeto + inf...? |
| will | will not/won't | Will + sujeto + inf...? |
| would | would not/wouldn't | Would + sujeto + inf...? |
| must | must not/mustn't | |
| should | should not/shouldn't | Should + sujeto + inf...? |

En los siguientes capítulos se tratan los verbos modales más detalladamente.

# EJERCICIOS

Elige la respuesta correcta:

**a)** ....... he speak English?

Do / Is / Does

**f)** ........they read the newspaper yesterday?
Did / Does / Do

**b)** ........ she a doctor?

Is / Do / Does

**g)** We............. do it

don't / doesn't / aren't

**c)** Why ........you sad?

do / are / is

**h)** I ........like honey

don't / am not / doesn't

**d)**.......your mother at home?

Does / Is / Are

**i)** My girlfriend .......like whisky

isn't / doesn't / don't

**e)** What time ....... we get up?

do / are / does

**j)** ........they have a computer?

Don't / Are / Aren't

# Lección 12

## VERBOS MODALES (II)

## VERBOS MODALES

En este capítulo vamos a tratar los usos y formas de los verbos modales

**Can** y **Could**:

Son verbos que tienen tratamiento en el capítulo 13.

## May y might

**May** se usa para expresar varias funciones:

| | |
|---|---|
| **a)** indicar posibilidad. Tiene un significado parecido a «quizás». | **b)** pedir y dar permiso de una manera formal. |
| It **may** rain tomorrow<br>*Puede que llueva mañana*<br><br>She **may** pass the test<br>*Puede que (ella) apruebe el examen* | **May** I come in?<br>*¿Puedo entrar?*<br><br>You **may** leave now<br>*Usted puede marcharse ahora* |

**Might** es la forma de pasado de «may». No se suele utilizar de forma negativa ni interrogativa. Expresa posibilidad algo más remota que con «may».

It **might** rain tomorrow          Will she come? She **might**
*Pudiera ser que lloviera mañana*   *¿Vendrá ella? Puede que sí*

## Shall y will

Ambos son auxiliares que utilizaremos para formar el futuro, pero **«shall»** sólo se usará para la 1ª persona del singular y plural (I, we) y **«will»** para todas. En realidad, para expresar futuro, no se suele usar «shall», sino «will».

I **shall** go to class               I **will** go to class

«Shall» y «will» se contraen de la misma manera:
I'll, you'll, he'll, she'll, etc.

La forma negativa de «shall» es **«shan't»**, pero no se usa mucho.
La negación de will es **won't**, y sí que se usa (para todas las personas):

| | |
|---|---|
| He **won't** eat that | I **won't** do that exercise |
| *Él no se comerá eso* | *Yo no haré ese ejercicio* |

Para realizar preguntas se invierte el orden de «shall» y «will» con el sujeto,
pero el objetivo es distinto si usamos «shall» o si es «will»:

## 1) Shall

Shall se usará cuando queramos
ofrecernos para hacer algo:

**Shall I** open the window?
*¿Abro la ventana?*

**Shall I** help you?
*¿Puedo ayudarle?*

Y para realizar sugerencias:
Shall we...?

**Shall** we go
to the cinema?

*¿Vamos al cine?*

## 2) Will

«Will» se utiliza cuando queramos
pedir ayuda o un favor:

**Will** you help me with this?
*¿Me ayudas con esto?*

**Will** you do it for me?
*¿Lo harías por mí?*

Además, usaremos «will»:
**a)** En predicciones de futuro:

It **will** rain tomorrow
*Lloverá mañana*

They **will** win the race
*Ellos ganarán la carrera*

**b)** Al tomar decisiones espontáneas:

**I'll** open the door!
*Yo abro (o abriré) la puerta*

En el capítulo 23 se detallan los usos de «will» en futuro.

## Would

Es el modal que usamos para formar el condicional (cantaría, temería, etc).
Al ser modal, es igual para todas las personas y precede al infinitivo sin «to».

Se contrae en **«'d»**.

I **would** do it     o     **I'd** do it
*Yo lo haría*

They **would** go to the party   o
They**'d** go to the party
*Ellos irían a la fiesta*

Para negar se usa **«wouldn't»**:

She **wouldn't** cry
*Ella no lloraría*

Para preguntar,
**would + sujeto...?**:

**Would** you come and see me?
*¿Vendrías a verme?*

**Would** you like a cake?
*¿Quieres un pastel?*
*(¿Te gustaría un pastel?)*

Se puede usar:

**a)** en peticiones y sugerencias, de una manera formal:

**Would** you, please, open the window?
*¿Podría abrir la ventana, por favor?*

**b)** en ofrecimientos e invitaciones:

**Would** you like to come?
*¿Te gustaría venir?*

**c)** como futuro de una acción pasada:

I thought that you **would** buy a new house
*Pensé que te comprarías una casa nueva*

**d)** para formar el condicional, como ya hemos visto:

They**'d** go on holidays if they had some free time
*Se irían de vacaciones si tuvieran tiempo libre*

## Should

Se utiliza para dar consejos o recomendaciones, pero no implica obligación. Equivale a «debería, deberías, etc».

You **should** go to the dentist
*Deberías ir al dentista*

He **should** study harder
*Él debería estudiar más*

La forma negativa
es **«shouldn't»**:

They **shouldn't** eat so much
*Ellos no deberían comer tanto*

Para preguntas, se invierte el
orden entre «should» y el sujeto:

**Should** I stay or **should** I go?
*¿Debería quedarme o debería irme?*

Como ya hemos visto, «should» se usa para
dar consejos, pero también para pedirlos:

What **should** I do?
*¿Qué debería hacer?*

I think you **should** do more exercise
*Creo que deberías hacer más ejercicio*

Hay un verbo sinónimo, **«ought to»** (debería, deberías...),
que también podríamos utilizar en estos casos, pero éste
tiene un uso más formal, y, además, reducido:

You **ought to** go and see him   o   You **should** go and see him
*Deberías ir a verlo (a él)*

## Must

Este verbo modal equivale a «deber», «tener que».

No añade «-s» en 3ª persona del singular, no se puede
contraer y nunca sigue ni precede a «to».

He **must** go to bed early
*Debe /Tiene que irse a la cama temprano*

Aunque puede usarse en preguntas (invirtiendo el orden con
el sujeto), no es frecuente hallarlo así.

Se usa para:

**a)** expresar obligación, cuando el hablante tenga alguna «autoridad» sobre el oyente:

You **must** do these exercises
*(el profesor a los alumnos)*
*Tienen que hacer estos ejercicios*

Si no existe tal «autoridad», se utiliza **«have to»**:

We **have to** do these exercises
*(un alumno a otro)*
*Tenemos que hacer estos ejercicios*

**b)** expresar prohibición. En este caso se utiliza de forma negativa y equivale a «no poder, estar prohibido»:

You **mustn't** smoke in this place
*No puede fumar en este lugar*

**«Must»** es sólo una forma de presente. Para los demás tiempos (pasado, futuro, etc), se ha de usar **«have to»** *(tener que)*.

We **had to** cook yesterday
*Tuvimos que cocinar ayer*

I**'ve had to** come by bus
*He tenido que venir en autobús*

They **will have to** do the washing
*Ellos tendrán que lavar la ropa*

Cuando queramos expresar falta de obligación («no tener que hacer algo»), usaremos «don't /doesn't have to»:

You **don't have to** come

*No tienes que venir*
*(pero puedes hacerlo,*
*si quieres)*

Véase la diferencia:

You **mustn't** come

*No puedes venir*
*(te lo prohíbo)*

# EJERCICIOS

Elige la respuesta correcta:

**a)** It's cloudy. It ...........rain.

must / can / may

**f)** ............. we go for a walk?

Would / Shall / Must

**b)** (The phone is ringing)
I .......... answer it.
can / 'll / would

**g)** I am a bit fat.
I ................ eat so much.
mustn't / shouldn't / wouldn't

**c)** (Doctor to patient): You
............. stop smoking.
will / would / must

**h)** It's Sunday. You
......................get up early
wouldn't / don't have to / musn't

**d)** .......... I carry your bags?

Shall / Might / Must

**i)** We .................... clean the
house. It's very dirty
shall / should / might

**e)** Will they go to the cinema?
They ...........
can / must / might

**j)** .............you do it for me?

May / Would / Must

# Lección 13

## EL VERBO «CAN»

## VERBO «CAN»

Es el verbo modal más utilizado. Equivale a «poder» y «saber» (ser capaz, tener habilidad, no conocimientos).

Al ser modal:

**a)** tiene la misma forma para todas las personas: «can»

She **can** speak French
*Ella sabe hablar francés*

They **can** buy a lot of things
*Ellos pueden comprar muchas cosas*

**b)** no puede estar delante o detrás de la partícula «to»:

I **can** ~~to~~ **swim**
*Sé nadar*

**c)** no puede usarse con otro modal:

They ~~will can~~ come tomorrow

«**Can**» se utiliza para el presente. Su pasado es «**could**». Para todos los demás tiempos, se tendrá que utilizar un sinónimo de «can», que es «**be able to**» *(ser capaz de)*.

| | |
|---|---|
| **Presente:** | She **can** make good salads<br>*Ella sabe/puede hacer buenas ensaladas* |
| **Pasado:** | She **could** make good salads<br>*Ella sabía/podia hacer buenas ensaladas* |
| **Futuro:** | She **will be able to** make good salads<br>*Ella sabrá/podrá hacer buenas ensaladas* |

Por ser auxiliar:

**a)** para negaciones, se añade «not» a «can» (en una palabra): **cannot**». Su contracción es «**can't**». También existe la forma «**can not**», aunque no es tan frecuente.

We **can't** play soccer on this ground
*No podemos jugar al fútbol en este terreno*

Para el pasado se usa «**could not**» o «**couldn't**»:

He **couldn't** sleep last night
*Él no pudo dormir anoche*

**b)** para preguntas, invierte el orden con el sujeto:

**Can** you speak Russian?
*¿Sabes hablar ruso?*

What **can** we do?
*¿Qué podemos hacer?*

En pasado:

**Could** they watch the film?
*¿Pudieron ver la película?*

**c)** se utiliza en respuestas cortas:

Can you play the violin?
*¿Sabes tocar el violín?*

Yes, I **can** / *Sí, sé*

No, I **can't** / *No, no sé*

Could she finish on time?
*¿Pudo terminar ella a tiempo?*

Yes, she **could** / *Sí, pudo*

No, she **couldn't** / *No, no pudo*

**«Could»** también puede tener sentido condicional, y se traduce por «podría», «podrías», etc:

I **could** go if I had some time

*Yo podría ir si tuviera tiempo*

Además de los usos de «can» y «could» que ya hemos visto, hay otros:

**a)** pedir y conceder permiso: Para pedir permiso, «can» se usa de manera informal y «could» de manera más formal:

**Can** I borrow your book?
*¿Me puedes prestar tu libro?*
*(literalmente: ¿Puedo pedirte prestado el libro?)*

**Could** we use your computer?
*¿Podemos/podríamos usar su computadora?*

You **can** smoke here
*Puedes fumar aquí*

**b)** peticiones: También «can» se usa de manera informal y «could» de una manera formal.

**Can/Could** you tell me the time, please?
*¿Puede/podría decirme la hora, por favor?*

**c)** sugerencias:

We **can/could** go to the cinema
*Podemos/podríamos ir al cine*

**d)** ofrecimientos:

**Can** I help you?
*¿Puedo ayudarte?*

**e)** posibilidad: En este caso, se usa «could» y su significado es parecido a «may» y «might».

It **could** rain tomorrow
*Podría llover mañana*

«**Can**» hace uso de una estructura sinónima, «**be able to**» *(poder, ser capaz de)*,para todos los tiempos distintos al presente y, en este caso, conjugamos el verbo «to be» en el tiempo y la forma correspondientes:

### En pasado simple: «could» o «was/were able to»

I **could** do it
I **was able to** do it
*Pude hacerlo*

### En pretérito perfecto: «have/has been able to»

She **has been able to** come
*Ella ha podido venir*

### En pretérito pluscuamperfecto: «had been able to»

They **had been able to** open the box
*Ellos habían podido abrir la caja*

### En futuro simple: «will be able to»

We **will be able to** get there on time
*Nosotros podremos llegar allí a tiempo*

### En condicional: «could» o «would be able to»

You **could** go there in the afternoon o
You **would be able to** go there in the afternoon
*Tú podrías ir allí por la tarde*

# EJERCICIOS

Elige la respuesta correcta:

**a)** I ................drive,
but I don't have a car
can / would / shall

**f)** Will you ......................
come to my party?
can / be able to / may

**b)** They will ......................
come on Friday
can / be able to / must

**g)** Mary ..............speak
some languages
are able to / can / were able to

**c)** Are there many things
you ................do?
be able to / can / is able to

**h)** My friends ...............
help you
could / shall / is able to

**d)** What shirt ..............
I buy?
might / should / are able to

**i)** You ..............do it
is able to / can / was able to

**e)** She ..................speak
when she was one year old
could / can / will be able to

**j)** She ..................go
to work so late
shouldn't / 're able to / shall

**SOLUCIONES**

a) can / b) be able to / c) can / d) should / e) could / f) be able to / g) can / h) could / i) can / j) shouldn't

# Lección 14

PASADO SIMPLE DEL
VERBO «TO BE».

«THERE WAS/WERE»

PASADO SIMPLE DE
VERBOS REGULARES.

USO DE «USED TO».

PASADO SIMPLE DE
VERBOS IRREGULARES.

El pasado simple es el tiempo que utilizamos cuando queremos expresar acciones que fueron completadas en el pasado. La acción está finalizada, sin importar su duración, tanto si tuvo lugar en un pasado reciente como lejano.

También se usará para expresar acciones habituales en el pasado y, cuando usamos varios verbos en una frase, estaremos indicando que una acción siguió a la otra.

En primer lugar, veremos el pasado del verbo «to be» y, más adelante, trataremos el pasado del resto de verbos.

# PASADO SIMPLE DEL VERBO «TO BE».

Tiene dos formas: **«was»** y **«were»**

| a) De manera afirmativa: | |
|---|---|
| I **was** | *yo era, estaba, fui, estuve* |
| You **were** | *tú eras, estabas, fuiste, estuviste*<br>*usted era, estaba, fue, estuvo* |
| He **was**<br>She **was**<br>It **was** | *él era, estaba, fue, estuvo*<br>*ella era, estaba, fue, estuvo*<br>*ello era, estaba, fue, estuvo* |
| We **were** | *nosotros/as éramos, estábamos, fuimos, estuvimos* |
| You **were** | *ustedes eran, estaban, fueron, estuvieron* |
| They **were** | *ellos/as eran, estaban, fueron, estuvieron* |

Se utiliza en los mismos casos que el presente
(ver capítulo 1), pero cuando se quiere hablar en pasado:

I **was** shy when I was a child
*Yo era tímido cuando era niño*

He **was** at the party
*Él estuvo en la fiesta*

They **were** ill last week
*Ellos estuvieron enfermos
la semana pasada*

**b)** Para hacer oraciones negativas utilizaremos «was not (wasn't)» y «were not (weren't)»:

I **wasn't** there
*Yo no estaba/estuve allá*

You **weren't** happy
*No eras feliz*

**c)** Para realizar preguntas se colocan «was» y «were» delante del sujeto:

**Were** you tired after the match?
*¿Estaban ustedes cansados después del partido?*

When **was** she a model?
*¿Cuándo fue ella modelo?*

**d)** También se usan en respuestas cortas:

Was Linda a teacher?
*¿Era Linda profesora?*

Yes, she **was**
*Sí, lo era*

No, she **wasn't**
*No, no lo era*

De la misma manera que funcionan «**there is**» y «**there are**» en presente, lo hacen «**there was**» y «**there were**» en pasado. Ambas equivalen a «*había (hubo)*».

**There was** a bus in front of the post office
*Había un autobús delante de la oficina de correos*

**There were** a lot of people at the concert
*Había (hubo) mucha gente en el concierto*

**There wasn't** any honey
*No había miel*

**There weren't** many shops in that mall
*No había muchas tiendas en ese centro comercial*

**Was there** enough food for everybody?
*¿Hubo (había) comida suficiente para todos?*

How many books **were there** on the table?
*¿Cuántos libros había en la mesa?*

## PASADO SIMPLE DE LOS VERBOS REGULARES

Un verbo es regular cuando sus formas de pasado y de participio se forman añadiendo **«ed»** al infinitivo del verbo. Ya hemos visto en este capítulo los usos del pasado simple y ahora veremos su forma.

Con la excepción del verbo «to be», los verbos en inglés (sean regulares o irregulares) tienen una única forma de pasado para todas las personas.

Formas del pasado simple:

### a) En oraciones afirmativas:

**To work** *(trabajar)*

| | | |
|---|---|---|
| I | **worked** | *yo trabajé, trabajaba* |
| You | **worked** | *tú trabajaste, trabajabas* |
| | | *usted trabajó, trabajaba* |
| He | **worked** | *él trabajó, trabajaba* |
| She | **worked** | *ella trabajó, trabajaba* |
| It | **worked** | *trabajó, trabajaba* |
| | | *(funcionó, funcionaba – para cosas)* |
| We | **worked** | *nosotros/as trabajamos, trabajábamos* |
| You | **worked** | *ustedes trabajaron, trabajaban* |
| They | **worked** | *ellos/as trabajaron, trabajaban* |

Para formar el pasado:

**1)** la regla general es añadir «ed» al infinitivo del verbo: work-worked

I **worked** for that company
*Yo trabajé para esa compañía*

**2)** si el infinitivo acaba en «e», sólo se añade «d»: live-lived

She **lived** in London

*Ella vivió/vivía
en Londres*

**3)** cuando el infinitivo acaba en «y»:

- si la «y» va precedida de una vocal, se añade «ed»: play-played

They **played** basketball
*Ellos jugaron/jugaban
al baloncesto*

- si la «y» va precedida de una consonante, cambia a «i» y se añade «ed»: study-studied

We **studied** a lot for the test
*Estudiamos mucho
para el examen*

**4)** si el infinitivo acaba en la serie de letras consonante-vocal-consonante y la última sílaba es la acentuada, antes de añadir «ed» se dobla la última consonante: plan-planned.

I **planned** my holidays long ago
*Planeé mis vacaciones
hace mucho tiempo*

**5)** pero si acaba en esa serie de letras y la última sílaba no recibe el acento, sólo se añade «ed»: visit-visited

I **visited** my aunt last week
*Visité a mi tía
la semana pasada*

**b)** Para hacer oraciones negativas en pasado se hace uso del auxiliar **«did not (didn't)»**, que acompañará al verbo en infinitivo (no en pasado):

My mother **didn't
live** in the USA
*Mi madre no vivía/vivió
en los EEUU*

They **didn't work**
in the morning
*Ellos no trabajaron/trabajaban
por la mañana*

**c)** Para preguntas se utiliza **«did»** delante del sujeto y el verbo en infinitivo (no en pasado):

**Did** you **travel** to
Europe last year?
*¿Viajaste a Europa el año pasado?*

When **did** she **visit** her family?
*¿Cuándo visitó ella a su familia?*

**d)** **«Did»** y **«didn't»** se usan también en respuestas cortas:

Did you like the film?
*¿Te gusto la película?*

Yes, I **did**
*Sí, me gustó*

No, I **didn't**
*No, no me gustó*

Si utilizamos varios verbos en pasado simple en la misma oración, separados por comas, expresamos que una acción siguió a la anterior:

I **got up** at seven, **took** a shower, **had** breakfast and **went out** (*)

*Me levanté a las siete, tomé una ducha, desayuné y salí*

(*) Si el sujeto de todos los verbos es el mismo, no hace falta repetirlo en todos ellos.

Con el pasado simple también podemos expresar acciones habituales en el pasado (se puede usar con adverbios de frecuencia):

She <u>always</u> **wanted** to go
to bed late

*Ella siempre quería ir
a la cama tarde*

## Used To

Para estados y acciones habituales en el pasado también se puede utilizar la estructura **«used to» + infinitivo**. Su equivalencia es «solía + infinitivo»:

We **used to play** cards
on Friday evenings
*Solíamos jugar a las cartas
los viernes por la noche*

They **didn't use to go** to the gym
*Ellos no solían ir al gimnasio*

**Did** you **use to** get up late?
*¿Solías levantarte tarde?*

Habiendo visto ya la forma y uso de los verbos regulares,
pasamos ahora a tratar los irregulares.

# PASADO SIMPLE DE LOS VERBOS IRREGULARES

Un verbo es irregular cuando su pasado, su participio, o ambos, no se forman añadiendo «ed» al infinitivo del verbo. Son muchos los verbos que son irregulares en inglés y cada uno con un tipo de irregularidad, por lo que la única regla para aprenderlos será practicarlos y memorizarlos. No dejes de consultar la lista de verbos irregulares de este libro. Sus usos son los mismos que los de los verbos regulares, pero su forma es distinta.

**a)** Para usarlos de forma afirmativa, se toma el verbo en pasado y éste es igual para todas las personas:

We **went** to the theater last month
*Fuimos al teatro la semana pasada*

She **had** a lot of work
*Ella tenía mucho trabajo*

I **bought** a pair of shoes
*Compré un par de zapatos*

They **came** very late
*Ellos vinieron muy tarde*

**b)** En oraciones negativas, al igual que con los verbos regulares, utilizaremos «didn't» y el infinitivo del verbo:

My parents **didn't buy** a new car
*Mis padres no compraron un auto nuevo*

I **didn't break** the vase
*Yo no rompí el jarrón*

She **didn't sing** her songs
*Ella no cantó sus canciones*

Our dog **didn't eat** meat
*Nuestro perro no comió carne*

**c)** Para hacer preguntas usamos «did» delante del sujeto y el verbo en infinitivo:

**Did** you **see** Tom?
*¿Viste a Tom?*

What **did** you **do**?
*¿Qué hiciste?*

**d)** En respuestas cortas:

Did you read the newspaper yesterday?
*¿Leíste el periódico ayer?*

Yes, I **did**
Sí, lo hice

No, I **didn't**
No, no lo hice

# EJERCICIOS

Transforma a pasado:

**a)** stop: ...........................

**b)** study: ...........................

**c)** play: ...........................

**d)** live: ...........................

**e)** want: ...........................

Elige la respuesta correcta:

**f)** Did you ...............play chess?
used to / use to / 'll use to

**g)** They didn't ............to the theatre
went / go / do

**h)** She .................here yesterday
went / were / was

**i)** My brothers ...............at home
wasn't / weren't / didn't

**j)** ............... you at school in the afternoon?
Were / Was / Did

*Lección 15*

EL PASADO CONTINUO

USO DE «WHILE» Y «WHEN»

# EL PASADO CONTINUO

El pasado continuo es el tiempo que se utiliza cuando queremos expresar una actividad que se estaba desarrollando en un momento del pasado, por lo tanto, es una acción que tuvo cierta duración.

Se forma con el pasado del verbo «to be» (**«was»/»were»**) y el gerundio (**«infinitivo + ing»**) del verbo principal.

## a) De forma afirmativa es:

### To walk (andar, pasear)

| | | |
|---|---|---|
| I | **was walking** | *yo estaba/estuve paseando* |
| You | **were walking** | *tú estabas/estuviste paseando*<br>*usted estaba/estuvo paseando* |
| He<br>She<br>It | **was walking**<br>**was walking**<br>**was walking** | *él estaba /estuvo paseando*<br>*ella estaba/estuvo paseando*<br>*estaba/estuvo paseando* |
| We | **were walking** | *nosotros/as estábamos/estuvimos paseando* |
| You | **were walking** | *ustedes estaban/estuvieron paseando* |
| They | **were walking** | *ellos/as estaban/estuvieron paseando* |

I **was walking** in the morning
*Estuve paseando por la mañana*

She **was dancing** all day
*Ella estuvo bailando todo el día*

They **were talking** about sports
*Ellos estaban hablando sobre deportes*

**b)** cuando son frases negativas, se utilizan «wasn't» y «weren't»

We **weren't listening** to the radio
*No estuvimos escuchando la radio*

You **weren't swimming** in the sea
*No estuviste nadando en el mar*

He **wasn't studying** geography
*Él no estuvo estudiando geografía*

**c)** para hacer preguntas, «was» y «were» se colocan delante del sujeto:

What **were** you **doing**?
*¿Qué estabas haciendo?*

**Was** he **playing**
with the children?
*¿Estuvo él jugando
con los niños?*

**a)** en respuestas cortas:

Were you waiting for me?
*¿Estabas esperándome?*

Yes, I **was**
*Sí, lo estaba*

No, I **wasn't**
*No, no lo estaba*

Ya aprendimos en el capítulo anterior los usos del pasado simple. Muchas veces nos encontraremos a los **pasados simple y continuo en una frase**. Esto ocurrirá cuando queramos expresar que una acción tenía lugar cuando otra la «interrumpió».

La acción que se venía realizando se expresa en pasado continuo y la que «interrumpe», en pasado simple.

Para ello haremos uso de las conjunciones **«while»** *(mientras)* y **«when»** *(cuando)*, que se utilizan de la siguiente manera:

While + sujeto + pasado continuo, sujeto + pasado simple
When + sujeto + pasado simple, sujeto + pasado continuo

**While** I <u>was making</u>
the dinner,
the phone rang
*Mientras estaba
preparando la cena,
sonó el teléfono*

The phone rang
**while** I <u>was making</u>
the dinner
*El teléfono sonó
mientras estaba
preparando la cena*

**When** the phone <u>rang,</u>
I was making the dinner
*Cuando el teléfono sonó,
yo estaba preparando la cena*

I was making the dinner
**when** the phone <u>rang</u>
*Yo estaba preparando la cena
cuando el teléfono sonó*

What were you doing **when** she got to your
house? I was taking a shower
*¿Qué estabas haciendo cuando ella llegó a tu
casa? Estaba tomando una ducha*

Con **«while»** también se pueden expresar varias acciones duraderas
que estén ocurriendo a la vez (ambas irán en pasado continuo):

**While** I <u>was watching</u> a film, my father <u>was reading</u> the paper

*Mientras yo estaba viendo una película,
mi padre estaba leyendo el periódico*

Con **«when»** se pueden expresar acciones que ocurrieron
una tras la otra (ambas irán en pasado simple):

**When** they <u>came</u> home,
we <u>had</u> dinner

*Cuando ellos llegaron,
cenamos*

# EJERCICIOS

Elige la respuesta correcta:

**a)** She ..........walking along the road
were / did / was

**f)** ........... you arrived, I was speaking on the phone
While / When / Who

**b)** We ..............doing our homework
wasn't / didn't / weren't

**g)** I .................for two hours
were sleeping / slept / was sleeping

**c)** My father ............ reading the paper
was / were / does

**h)** They were watching TV ........their mother got home.
while / when / what

**d)** You ..................... a cake
weren't making / wasn't making / didn't making

**i)** I was dancing ........I was listening to music
when / while / how

**e)** I ............. cards with them
were playing / was playing / was played

**j)** ........she went out, she locked the door
When / Who / While

# Lección 16

PRONOMBRES
PERSONALES OBJETO

OBJETO DIRECTO Y
OBJETO INDIRECTO

USO DE STILL,
ALREADY Y ANY MORE

## PRONOMBRES
## PERSONALES OBJETO

Ya sabemos que los pronombres personales
sustituyen a un nombre. Cuando el nombre
al que sustituyen es el objeto del verbo
(recibe la acción del verbo), se usan los
pronombres personales objeto.

<u>Siempre se colocan a continuación del
verbo</u>, a diferencia de los pronombres
personales sujeto, que lo preceden, como
ya aprendimos en el primer capítulo.

A continuación aparecen los pronombres personales sujeto y objeto:

| pronombres sujeto | | pronombres objeto | |
|---|---|---|---|
| **I** | yo | **me** | me, a mí |
| **You** | tú / usted | **you** | te, a ti / le, a usted |
| **He** | él | **him** | le, a él |
| **She** | ella | **her** | le, a ella |
| **It** | ello | **it** | le, a ello |
| **We** | nosotros/as | **us** | nos, a nosotros/as |
| **You** | ustedes | **you** | les, a ustedes |
| **They** | ellos/as | **them** | les, a ellos/as |

Vemos que hay dos pronombres que no varían: «you» e «it».

I'll show **you** some pictures
*Te mostraré unas fotos (a ti)*

Can you pass **me** the salt, please?
*¿Puedes pasarme la sal, por favor?*

They are helping **her**
*Ellos le están ayudando (a ella)*

They didn't give **us** our belongings
*No nos dieron nuestras pertenencias*

Cuando los pronombres objeto sustituyan a animales o cosas, si el nombre es singular, el pronombre será «it» y si el nombre es plural, se usará «them»:

Can you open **the door**, please?
Can you open **it**?

I couldn't find **my keys**
I couldn't find **them**

Los pronombres objeto son los que se usan detrás de preposiciones:

I'm living <u>with **her**</u>
*Estoy viviendo con ella*

They couldn't leave <u>without **me**</u>
*No pudieron irse sin mí*

She was looking <u>at **us**</u>
*Ella nos estaba mirando*

Los pronombres objeto pueden funcionar bien como objeto directo, bien como objeto indirecto.

I didn't do **it**
*No lo hice*

They gave **her** a note
*Ellos le dieron un billete (a ella)*

Si funcionan como objeto indirecto, muchas veces van precedidos de «to»*(a)* o «for» *(para)*.

This is a present **for him**

*Esto es un regalo para él*

Cuando utilicemos dos objetos tras el verbo, uno directo (OD) y otro indirecto (OI), hemos de considerar que el OD suele ser «la cosa» y el OI, «la persona».

**a)** Si el OD es un determinante y un nombre, hay dos posibilidades de colocación:

I want to send *you* **a letter**    o
I want to send **a letter** *to you*   (la 1ª opción es más frecuente)
*Quiero enviarte una carta*

**b)** Si el OD es un pronombre, siempre irá delante del OI, que irá precedido de «to» o «for»:

I want to send **it** *to you*
*Quiero enviártela (enviarla a ti)*

I gave **it** *to my cousin*
*Se lo di a mi primo*

She bought **them** *for me*
*Ella las compró para mí*
*(las flores, por ejemplo)*

# USO DE «STILL», «ALREADY» Y «ANY MORE»

Son adverbios que pueden presentar alguna duda en cuanto a su uso y colocación en la oración.

## Still

Equivale a «todavía» en oraciones afirmativas:

I am **still** here
*Todavía estoy aquí*

Si en la oración aparece el verbo «to be» o algún auxiliar, «still» se colocará detrás de él:

They **are** **still** singing
*Todavía están cantando*

Si el verbo no es auxiliar, «still» se colocará delante del mismo

My grandfather **still** goes fishing
*Mi abuelo todavía se va a pescar*

También se puede usar en frases interrogativas:

Are you **still** working?
*¿Todavía estás trabajando?*

## Already

**Already** equivale a «ya» en oraciones afirmativas.

She's **already** a doctor
*Ella ya es doctora*

Al igual que «still», se coloca detrás del verbo auxiliar si aparece en la oración, o, si no es auxiliar, delante del verbo:

They are **already** having lunch
*Ellos ya están almorzando*

I **already** got a new job
*Ya conseguí un trabajo nuevo*

## Any more o any longer

Equivalen a «ya no», por lo que se usan en oraciones negativas.
Se puede utilizar cualquiera de ellas y se colocan al final de la frase:

I <u>don't</u> live in Mexico
**any more/any longer**
*Ya no vivo en México*

They <u>don't</u> serve turkey
**any more/any longer**
*Ya no sirven pavo*

## No longer

**E**s una expression sinónima de las anteriores, pero se usa en oraciones
afirmativas (el verbo no lleva negación). Se coloca tras el verbo
«to be», si aparece en la frase, o, si no, delante del verbo

He <u>is</u> **no longer** a coach    =    He isn't a coach any more
*Ya no es entrenador*

I **no longer** <u>want</u> a big house   =   I don't want a big house any longer
*Ya no quiero una casa grande*

# EJERCICIOS

Elige la respuesta correcta:

**a)** ....... saw ...... in the street. She is very pretty.
I / My / Her     me / her / his

**b)** Can ....... borrow .......car, please?
you / I / your     your / me / my

**c)** ......... were talking to ........
They / Mine / He     you / his / my

**d)** She gave it to .........
his / me / we

**e)** Look at ........ .......... is wearing red shoes
she / her / he     His / She / Our

**f)** Is ........ for .......? Thank you very much
it / you / their     us / his / I

**g)** They are ...........at school
any more / any longer / still

**h)** She ..............bought a new cell phone
already / still / any more

**i)** I don't have my car ..........
still / already / any longer

**j)** Are you .......... having lunch?
any longer / any more / still

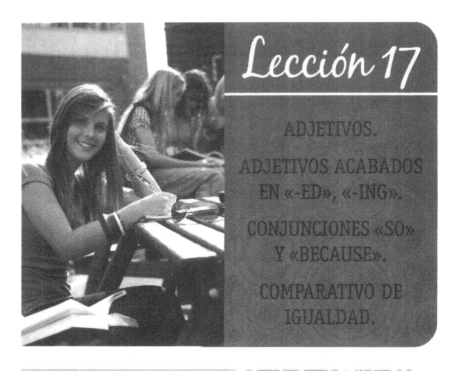

*Lección 17*

ADJETIVOS.

ADJETIVOS ACABADOS EN «-ED», «-ING».

CONJUNCIONES «SO» Y «BECAUSE».

COMPARATIVO DE IGUALDAD.

## ADJETIVOS

Los adjetivos son palabras que modifican al nombre o al pronombre, dando información sobre el mismo. **Se colocan delante del sustantivo al que acompañan.** Si son varios, todos se colocan ante el nombre.

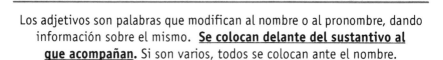

Son invariables, es decir, no tienen formas diferentes para masculino y femenino, ni singular y plural:

| | |
|---|---|
| a **tall** boy<br>*un chico alto* | some **tall** boys<br>*unos chicos altos* |
| a **tall** girl<br>*una chica alta* | some **tall** girls<br>*unas chicas altas* |

Pueden ser de muchos tipos, entre los que encontramos:

| | |
|---|---|
| **a) opinión personal:** | **interesting** *interesante*, **beautiful** *bonito*,  **amazing** *sorprendente*, **delicious** *delicioso*,  **ugly** *feo*, **marvellous** *maravilloso*, **friendly** *simpático*,  **shy** *tímido* |
| **b) aspecto general:** | **strong** *fuerte*, **weak** *débil*, **healthy** *sano*,  **clean** *limpio*, **dirty** *sucio* |
| **c) tamaño:** | **big** *grande*, **small** *pequeño*, **huge** *enorme*, **tiny** *enano*,  **wide** *ancho*, **narrow** *estrecho*, **long** *largo*, **short** *corto, bajo*, **tall** *alto*. |
| **d) peso:** | **heavy** *pesado*, **light** *ligero* |
| **e) edad:** | **old** *viejo, antiguo*,  **young** *joven*, **new** *nuevo*, **modern** *moderno* |
| **f) temperatura:** | **hot** *caliente*, **cold** *frío*,  **warm** *templado* |
| **g) forma:** | **round** *redondo*, **square** *cuadrado*, **rectangular** *rectangular* |
| **h) color:** | **red** *rojo*,  **black** *negro*,  **white** *blanco*, **yellow** *amarillo* |
| **i) nacionalidad:** | **American** *americano*, **Mexican** *mejicano*, **English** *inglés*  Hay que recordar que las nacionalidades y los idiomas se escriben con mayúscula en inglés. |
| **j) material:** | **plastic** *plástico*,   **wooden** *de madera*, **metallic** *metálico*,  **silver** *de plata* |

Si encontramos varios adjetivos seguidos,
se suele seguir el orden antes citado. Así:

I bought a **beautiful,
Mexican, silver** ring
*Compré un bonito anillo
de plata mejicano*

They live in a **lovely new** house
*Viven en una casa nueva preciosa*

It's a **big, red, plastic** bottle
*Es una botella de plástico
grande y roja*

## ADJETIVOS ACABADOS EN «–ED» Y «–ING»

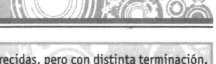

Hay adjetivos que tienen formas parecidas, pero con distinta terminación.
Los acabados en «-ed» indican cómo está o se siente alguien y los
acabados en «-ing», cómo son las personas o cosas.

I'm **tired**
*Estoy cansado*

They are **bored**
*Ellos están aburridos*

My work is **tiring**
*Mi trabajo es cansador*

The film was **boring**
*La película fue aburrida*

She's **surprised**
*Ella está sorprendida*

Her qualifications are **surprising**
*Sus calificaciones son
sorprendentes*

## Se podría decir que:

I'm **exhausted** <u>because</u> basketball is **exhausting**
*Estoy agotado porque el baloncesto es agotador*

Her parents are **disappointed** <u>because</u> her behavior is **disappointing**
*Sus padres están decepcionados porque su conducta es decepcionante*

Más ejemplos de este tipo de adjetivos son:

| | | | |
|---|---|---|---|
| **embarrassed** | avergonzado | **embarrassing** | embarazoso |
| **excited** | excitado, emocionado | **exciting** | excitante, emocionante |
| **interested** | interesado | **interesting** | interesante |
| **pleased** | contento, satisfecho | **pleasing** | agradable, satisfactorio |

En este punto podemos pasar a tratar las conjunciones **«so»** y **«because»**.

**«So»** equivale a «por lo tanto», «así que» y muestra resultado:

I was bored, **so** I turned the TV on
*Estaba aburrido, así que prendí la televisión*

**«Because»** equivale a «porque» y muestra causa:

I turned the TV on **because** I was bored
*Prendí la televisión porque estaba aburrido*

Los adjetivos (y algunos adverbios) pueden también formar parte de otras estructuras, como los comparativos y el superlativo, que pasamos a ver a continuación.

## COMPARATIVO DE IGUALDAD

Esta estructura se usa al comparar dos elementos y expresar que ambos comparten características comunes.

Se forma de la siguiente manera: **«as + adjetivo + as»**, que en español equivale a *«tan + adjetivo + como»*.

The book is **as interesting as** the film
*El libro es tan interesante como la película*

Is John **as tall as** his father?
*¿Es John tan alto como su padre?*

Si la oración es negativa, se niega el verbo «to be».
En estos casos, el primer «as» puede sustituirse por «so»:

| The carpet <u>isn't</u> **so expensive as** the table | = | The carpet <u>isn't</u> **as expensive as** the table |

*La alfombra no es tan cara como la mesa*

Es posible que la oración no incluya el elemento con el que se compara otro. Entonces la frase acaba en el adjetivo (o el adverbio), precedidos de «so»:

Her qualifications
aren't **so high**
*Sus calificaciones no*
*son tan altas*

Los sustantivos también pueden formar parte de esta estructura de comparación. Para ello usamos **«as much + nombre incontable + as»** o **«as many + nombre contable + as»**.

They have **as much money as** you
*Ellos tienen tanto dinero como tú*

There are **as many pictures as** in my house
*Hay tantos cuadros como en mi casa*

De forma negativa, el primer «as» puede cambiar a «so»:

She <u>doesn't</u> have **as/so much**
free time as last year
*Ella no tiene tanto tiempo*
*libre como el año pasado*

There <u>aren't</u> **as/so many**
students as in my class
*No hay tantos estudiantes*
*como en mi clase*

# EJERCICIOS

Elige la respuesta correcta:

**a)** Her sister is .......... with her
disappointing /
disappointed / tiring

**f)** They have ...........
much money as you
more / as / so

**b)** The book was ................

bored / boring / interested

**g)** My country isn't ........
big as yours
more / as / than

**c)** I was working hard and I am
....................now
exhausted / exhausting / tiring

**h)** I don't like it .......much.

more / so / than

**d)** The results were ...........

surprising / surprised / tiring

**i)** Is Geena ........intelligent
as her brother?
more / so / as

**e)** She's ....... tall as me.

as / more / than

**j)** He is as old ....... me

as / so / than

*Lección 18*

COMPARATIVO DE
SUPERIORIDAD

SUPERLATIVO

## COMPARATIVO DE SUPERIORIDAD

Se utiliza al comparar dos elementos y expresar que uno
de ellos es superior al otro en alguna característica.

En español la estructura es *«más + adjetivo + que»*,
que equivale a las siguientes estructuras en inglés:

**a)** si el adjetivo tiene una sílaba: **adjetivo - «er» + than**

Mark is **taller than** Bruce
*Mark es más alto que Bruce*

The Nile is **longer than** the Thames
*El Nilo es más largo que el Támesis*

- Los acabados en consonante-vocal-consonante doblan
la última consonante antes de añadir «-er»:

Sue is **thinner** than Chris
*Sue está más delgada que Chris*

**b)** si el adjetivo tiene tres
o más sílabas: **more +
adjetivo + than**

The sofa is **more comfortable
than** the chair
*El sofá es más cómodo
que la silla*

This book is **more interesting
than** that one
*Este libro es más
interesante que ése*

**c)** si el adjetivo tiene dos sílabas:
- Cuando acaba en «-y», «-ow»,
«-le» o «-er», forma el
comparativo de superioridad como
los adjetivos de una sílaba.

The path is **narrower than** the road
*El camino es más estrecho
que la carretera*

Matthew is **cleverer than** Thomas
*Matthew es más
listo que Thomas*

Los adjetivos acabados en
«-y» la cambian a «-i»
y añaden «-er»:

pretty (bonita)

Pam is **prettier than** Joan
*Pam es más
bonita que Joan*

Si en lugar de un adjetivo
es un adverbio, se usa:
«more + adverbio + (than)»:

Can you speak
**more slowly**, please?
*¿Puede hablar más
despacio, por favor?*

- Cuando el adjetivo tiene dos sílabas y acaba de una manera distinta a las anteriores, forma el comparativo de superioridad como los adjetivos de tres o más sílabas:

My car is **more modern than** yours
*Mi auto es más moderno que el tuyo*

This programme is
**more boring than** the other
*Este programa es más
aburrido que el otro*

Hay una serie de adjetivos y adverbios que forman el comparativo de manera irregular:

| good | *(bien, bueno)* | **better** | *(mejor)* |
|---|---|---|---|
| bad | *(malo)* | **worse** | *(peor)* |
| far | *(lejos)* | **farther/further** | *(más lejos)* |
| few | *(pocos)* | **fewer** | *(menos)* |
| little | *(poco)* | **less** | *(menos)* |
| many | *(muchos)* | **more** | *(más)* |
| much | *(mucho)* | **more** | *(más)* |

I play cards **better** than him
*Juego a las cartas mejor que él*

New York is far but Boston is **farther**
*Nueva York está lejos, pero Boston
está más lejos*

Con sustantivos también se puede utilizar el comparativo de superioridad, pero, en ese caso, la única estructura posible es: **«more + sustantivo + than»**

Yesterday I drank
**more water than** today
*Ayer bebí más agua que hoy*

Do you have **more shoes than** her?
*¿Tienes más zapatos que ella?*

# SUPERLATIVO

Es la estructura que utilizamos para destacar un elemento sobre el resto. En español es: **«el + sustantivo + más + adjetivo + (de)»**. Para ver su equivalente en inglés haremos la misma clasificación que hicimos con los comparativos de superioridad.

**a)** si el adjetivo tiene una sílaba:
**the + adjetivo – «est» + sustantivo + (in/of):**

He is **the shortest boy in** his class
*Él es el chico más bajo de su clase*

Which **is the deepest sea**?
*¿Cuál es el mar más profundo?*

Los adjetivos acabados en consonante-vocal-consonante doblan la última consonante antes de añadir «-est».

This is the **biggest** house in the quarter
*Esta es la casa más grande del barrio*

**b)** si el adjetivo tiene tres o más sílabas:
**the most + adjetivo + sustantivo + (in/of):**

It was **the most difficult exercise in** the exam
*Fue el ejercicio más difícil del examen*

That's **the most expensive watch in** the shop
*Ese es el reloj más caro de la tienda*

**c)** si el adjetivo tiene dos sílabas:
- Cuando acaba en «–y», «-ow», «-le» o «-er», forma el superlativo como los adjetivos de una sílaba.

He's **the happiest man in** the world
*Él es el hombre más feliz del mundo*

This is **the shallowest pond**
*Este es el estanque más poco (menos) profundo*

Hay que recordar que los adjetivos acabados en «-y» la sustituyen por «i» antes de añadir «-est» (happy – happiest).

- Cuando acaba de una manera distinta a las anteriores, forma el superlativo como los adjetivos de tres o más sílabas:

He's **the most famous writer in** this country
*Él es el escritor más famoso de este país*

## Los adjetivos con superlativos irregulares:

| good | **the best** | *(el mejor)* |
|---|---|---|
| bad | **the worst** | *(el peor)* |
| far | **the farthest / the furthest** | *(el más lejano)* |
| few | **the fewest** | *(el que menos)* |
| little | **the least** | *(el que menos)* |
| many | **the most** | *(el que más)* |
| much | **the most** | *(el que más)* |

He's **the best tennis player in** the world
*Él es el mejor tenista del mundo*

They got **the worst qualifications**
*Ellos obtuvieron las peores calificaciones*

**«In»** se usa al añadir un lugar y **«of»** al citar un grupo:

This is the most expensive shop *in the city*
*Esta es la tienda más cara de la ciudad*

She is the prettiest *of all*
*Ella es la más linda de todas*

## EJERCICIOS

Elige la respuesta correcta:

**a)** My brother is ........... than me
tallest / taller / as tall

**b)** Is John the ......... intelligent boy in the class?
more / most / as

**c)** She is the ................... woman in the world
most pretty / prettiest / prettier

**d)** My car is............than yours
more expensive / most expensive / as expensive

**e)** I like living in ...............cities
more big / bigger / biggest

**f)** Can you speak..........., please?
more slowliest / more slowly / most slowly

**g)** I am ...................today
happier / happiest / the happier

**h)** Charles is the ......................boy
fatter / fatest / fattest

**i)** Is milk ...................... than water?
cheaper / cheapest / the cheapest

**j)** That film is ......... than the other
most interesting / more interesting / interestinger

# *Lección 19*

## EL PRETÉRITO PERFECTO

## USO DE SINCE Y FOR

## USO DE ALREADY, YET, EVER, NEVER Y JUST

## EL PRETÉRITO PERFECTO

El pretérito perfecto (present perfect) es un tiempo verbal formado por el **presente del verbo «to have»** (haber) y el **participio** del verbo que usemos:

I **have learned** a lot of things
*He aprendido muchas cosas*

Recordemos que en español los participios son las formas
verbales acabadas en «-ado» e «-ido» (jugado, comido).
En inglés, acaban en «-ed» en el caso de los verbos regulares,
y hemos de memorizar los irregulares
(ver lista de verbos irregulares de este libro).

---

She **has studied** languages
*Ella ha estudiado idiomas*

They **have been** to Mexico
*Ellos han estado en México*

## a) Su forma afirmativa es:

### To break (romper)

| | | |
|---|---|---|
| I | **have broken** | *yo he roto* |
| you | **have broken** | *tú has roto, usted ha roto* |
| he | **has broken** | *él ha roto* |
| she | **has broken** | *ella ha roto* |
| it | **has broken** | *ha roto* |
| we | **have broken** | *nosotros/as hemos roto* |
| you | **have broken** | *ustedes han roto* |
| they | **have broken** | *ellos/as han roto* |

I **have broken** the mirror
*He roto el espejo*

He **has read** that book
*Él ha leído ese libro*

We **have come** from Colombia
*Hemos venido de Colombia*

En pretérito perfecto, «have» se puede contraer en **«'ve»** y «has» en **«'s»**:

I**'ve lost** my wallet
*He perdido mi billetera*

She**'s bought** a new dress
*Ella ha comprado un vestido nuevo*

Hay que prestar atención y no confundir la contracción de «has» con
la de «is» ni con el caso genitivo (como aprendimos en el capítulo 6).
A «has» le seguirá un participio.

**b)** para negaciones, se utiliza **«haven't»** / **«hasn't»** y el participio:

Our neighbors
**haven't closed** the door
*Nuestros vecinos no han
cerrado la puerta*

He **hasn't found** his glasses
*Él no ha encontrado sus gafas*

**c)** para preguntas se coloca **«have»** / **«has»** delante del sujeto:

What **have** you **done**?
*¿Qué has hecho?*

**Has** she **phoned** you?
*¿Te ha llamado ella?*

**d)** en respuestas cortas:

| | |
|---|---|
| Has he sold his car? | Yes, he **has** |
| *¿Ha vendido él su auto?* | *Sí, lo ha hecho* |
| | No, he **hasn't** |
| | *No, no lo ha hecho* |

El pretérito perfecto se utiliza para:

**1)** expresar acciones que empezaron en el pasado
y aún continúan en el presente:

| | |
|---|---|
| I **have worked** at the baker's | She **has lived** in Chicago |
| for two months | since 2005 |
| *He trabajado en la panadería* | *Ella ha vivido en Chicago* |
| *durante dos meses* | *desde 2005* |

**2)** Una acción realizada en un período de tiempo que no ha terminado:

They **have visited** us this month
*Ellos nos han visitado este mes (el mes continúa)*

**3)** expresar una experiencia pasada, sin decir cuándo tuvo lugar:

I **have seen** «The Gioconda»
*He visto «La Gioconda»*

He **has studied** Portuguese
*Él ha estudiado portugués*

Si se dice o se pregunta cuándo tuvo lugar,
el tiempo ha de cambiar a pasado simple:

I **saw** «The Gioconda» last year
*Vi «La Gioconda» el año pasado*

When **did** he **study** Portuguese?
*¿Cuándo estudió él portugués?*

He **studied** Portuguese a long time ago
*Él estudió portugués hace mucho tiempo*

**4)** expresar el resultado actual de una acción pasada recientemente:

My grandfather **has broken** his leg
*Mi abuelo se ha roto la pierna*

Hay una serie de marcadores temporales que son
muy usados con el pretérito perfecto. En esta
sección nos ocupamos de **«for»** y **«since»**.

Se usan como respuesta a la pregunta **«how long?»** *(¿cuánto tiempo?)*:

**How long** have you been working?
*¿Cuánto tiempo has estado trabajando?*

| For | Since |
|---|---|
| **«For»** va seguido de un período de tiempo y equivale a *«durante»*: | **«Since»** va seguido de un punto en el tiempo y equivale a *«desde»*: |
| She has played the guitar **for** five years *Ella ha tocado la guitarra durante cinco años* | She has played the guitar **since** January *Ella ha tocado la guitarra desde enero* |

Recordemos: For + período de tiempo
Since + punto en el tiempo

They have been on holidays
**for** two months
*Han estado de vacaciones
durante dos meses*

He has driven a car
**for** many years
*Él ha conducido un auto
durante muchos años*

They have been on holidays
**since** last Monday
*Han estado de vacaciones
desde el lunes pasado*

He has driven a car **since**
he was eighteen
*Él ha conducido un auto desde
que tenía dieciocho años*

Otros marcadores temporales frecuentes con
el pretérito perfecto son **«already»** y **«yet»**.

### Already

**«Already»** equivale a *«ya»* y se usa en oraciones afirmativas.

Se coloca entre «have/has» y el participio:

They have **already** had lunch    *Ya han almorzado (ellos)*

My teacher has **already** explained this unit
*Mi profesor ya ha explicado esta unidad*

También se puede usar en preguntas y se coloca
delante del participio o al final de la frase:

Have you **already**
finished your work?
*¿Has terminado ya tu trabajo?*

Have you finihed
your work **already**?
*¿Has terminado ya tu trabajo?*

## Yet

**«Yet»** equivale a *«ya»* en preguntas y a *«todavía»* en oraciones negativas.

En ambos casos se coloca al final de la frase:

Have you finished **yet**?  No, I haven't finished **yet**
*¿Has acabado ya? No, no he acabado todavía*

Have they answered the email **yet**? No, they haven't done it **yet**
*¿Han contestado el email ya? No, no lo han hecho todavía*

Considerando todas las respuestas posibles:

Have you paid
your taxes **yet**?
*¿Has pagado tus
impuestos ya?*

Yes, I've **already** paid my taxes
*Sí, ya he pagado mis impuestos*

No, I haven't paid my taxes **yet**
*No, no he pagado mis
impuestos todavía*

Con el pretérito perfecto también usamos **«ever»** y **«never»**

## Ever

**«Ever»** equivale a *«alguna vez»*. Se utiliza en preguntas
y se coloca delante del participio

Has she **ever** written poetry?
*¿Ha escrito ella poesía alguna vez?*

## Never

«**Never**» equivale a «*nunca*» (como vimos en el capítulo 8). Se usa en oraciones afirmativas (el verbo no lleva negación) y se coloca entre «have» / «has» y el participio

They have **never** been to France
*Nunca han estado en Francia (ellos)*

Have you **ever** eaten snails?
No, I have **never** eaten them
*¿Has comido caracoles alguna vez?*
*No, nunca los he comido*

Has she **ever** won a prize?
No, she has **never** won a prize
*¿Ha ganado ella un premio alguna vez?*
*No, nunca ha ganado un premio*

## Just

También se usa «**just**» cuando queremos expresar que una acción acaba de tener lugar.

«**Just**» se coloca entre «have» / «has» y el participio:

I have **just** finished
*Acabo de terminar*

They've **just** gone
*Ellos se acaban de ir*

My mother has **just** got up
*Mi madre se acaba de levantar*

# EJERCICIOS

Elige la respuesta correcta:

**a)** I..............never been
to Ireland
has / have / am

**f)** Have they arrived
.................?
ever / yet / never

**b)** ...........you read
the news?
Has / Have / Hasn't

**g)** Have you ...........
seen a whale?
never / ever / yet

**c)** They have .............
the vase
break / broke / broken

**h)** They have worked
there ........... September
for / since / already

**d)** She has lived in
America ........... five years
for / since / yet

**i)** My mother has...........
eaten caviar
never / ever / yet

**e)** Sarah has .............
finished her homework
yet / already / ever

**j)** Have you ever .............
in the sea?
swim / swam / swum

*Lección 20*

EL PRETÉRITO
PERFECTO
CONTINUO

## EL PRETÉRITO PERFECTO CONTINUO

El pretérito perfecto continuo es el tiempo que utilizamos cuando queremos expresar acciones que pueden haberse completado o no, pero no centramos nuestra atención en el resultado, sino en la acción en sí, en su duración. Por esta razón, el verbo usado siempre implica una acción que ocupa un período de tiempo.

En español equivale a *«haber estado haciendo algo»* ó *«llevar un tiempo haciendo algo»*. En inglés se forma con el presente de **«to have (have / has) + been + gerundio»**.

| **a)** de forma afirmativa: | |
|---|---|
| To sleep (dormir) | |
| I **have been sleeping** | *yo he estado durmiendo* |
| you **have been sleeping** | *tú has estado durmiendo* |
| | *usted ha estado durmiendo* |
| he **has been sleeping** | *él ha estado durmiendo* |
| she **has been sleeping** | *ella ha estado durmiendo* |
| it **has been sleeing** | *ha estado durmiendo* |
| we **have been sleeping** | *nosotros/as hemos estado durmiendo* |
| you **have been sleeping** | *ustedes han estado durmiendo* |
| they **have been sleeping** | *ellos/as han estado durmiendo* |

I **have been sleeping**
for two hours
*He estado durmiendo
durante dos horas*

She **has been cooking** since
she got home
*Ella ha estado cocinando
desde que llegó a casa*

| También se pueden usar las contraciones de «have» («'ve») y «has» («'s»): |
|---|

We**'ve been waiting** for you
*Hemos estado esperándote*

He**'s been painting** all morning
*Él ha estado pintando toda la
mañana*

**b)** en oraciones negativas se utilizan **«haven't»** o **«hasn't»**:

They **haven't been doing** exercise
*Ellos no han estado haciendo ejercicio*

I **haven't been watching** TV
*No he estado viendo la televisión*

He **hasn't been dancing**
*Él no ha estado bailando*

**c)** en preguntas se coloca **«have»** o **«has»** delante del sujeto:

**Have** you **been working** all day?
*¿Has estado trabajando todo el día?*

What **has** he **been doing**?
*¿Qué ha estado haciendo él?*

**d)** en respuestas cortas:

Have they been listening to music?
*¿Han estado ellos escuchando música?*

Yes, they **have**
*Sí (lo han hecho)*

No, they **haven't**
*No, no lo han hecho*

Al usar este tiempo con verbos que implican duración, es muy frecuente el uso de marcadores temporales, como **«for»** y **«since»**, ya tratados en el capítulo anterior.

El pretérito perfecto continuo se usa:

**1)** Cuando la acción empezó en el pasado y continúa en el presente:

They **have been studying**
since five o'clock
*Ellos han estado estudiando
desde las cinco*

He **has been living** in this
town for some years
*Ha estado viviendo en esta
ciudad durante algunos años*

**2)** Cuando la acción, que tuvo su duración,
acaba de terminar y vemos sus resultados:

It **has been snowing**
*Ha estado nevando
(y todo está blanco)*

We**'ve been running**
*Hemos estado corriendo
(por eso estamos sudando)*

Hay verbos que no pueden usarse en este tiempo:

| | |
|---|---|
| **I've undestood** this point | **NO** ⟶ I've been understanding this point |
| *He comprendido este punto* | |
| She **has liked** it | **NO** ⟶ She has been liking it |
| *Le ha gustado (a ella)* | |

Contraste entre el pretérito perfecto simple y el pretérito perfecto continuo:

**a)** El tiempo simple se centra en el resultado y el continuo en la acción:

**b)** El tiempo simple puede evocar una sola acción y el continuo, una acción repetida:

She **has called** you
*Ella te ha llamado*
*por teléfono (una vez)*

She **has been calling** you
*Ella te ha estado llamando*
*(varias veces)*

I **have read** a book
*Yo he leído un libro*
*(ya acabé el libro)*

I **have been reading** a book
*He estado leyendo un libro*
*(quizás no he acabado)*

Who **has eaten** my sandwich?
*¿Quién se ha comido mi*
*sandwich? (ya no está)*

Who **has been**
**eating** my sandwich?
*¿Quién se ha estado comiendo*
*mi sandwich? (aún queda algo)*

# EJERCICIOS

Elige la respuesta correcta:

**a)** He.........been sleeping
for some hours
've / 's / 'd

**f)** We .................baseball.
have been playing / has been
playing / hasn't been playing

**b)** I .........been watching
TV since 9:30
've / 's / 'm

**g)** George ..........been
waiting for you
has / have / 've

**c)** How..........have you
been studying?
often / long / many

**h)** She ..........been
writing a letter
's / 've / 'm

**d)** They ................for a while
've been talking / 's been talking
/ are talking

**i)** What ........you
been doing?
has / have / 's

**e)** ...........she been cooking?

Have / Has / Haven't

**j)** I..........been resting

'm / 've / 's

# Lección 21

## EL PRETÉRITO PLUSCUAMPERFECTO

## ADVERBIOS DE MODO

## POSICIÓN DE LOS ADVERBIOS

## EL PRETÉRITO PLUSCUAMPERFECTO

El pretérito pluscuampecto lo usamos cuando queremos expresar una acción anterior a otra ya finalizada en el pasado. En realidad estaríamos hablando del pasado del pasado.

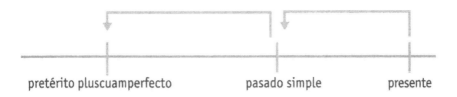

pretérito pluscuamperfecto          pasado simple          presente

Se forma con el pasado del verbo «to have» (**«had»**) y el **participio** del verbo que conjuguemos. Los participios en español son las formas acabadas, normalmente, en «-ado» (comprado) e «-ido» (comido), aunque otras son irregulares (hecho).

En inglés, el participio acaba en **«-ed»** en los verbos regulares y, en el caso de los irregulares, tenemos que memorizarlos (ver lista de verbos irregulares de este libro).

La forma del participio de los verbos regulares es igual a su forma de pasado, por lo que podemos repasarla de nuevo en el capítulo 14.

Todas las personas tienen la misma forma:

| **a)** en oraciones afirmativas: | | |
|---|---|---|
| To do (hacer) | | |
| I | **had done** | *yo había hecho* |
| you | **had done** | *tú habías hecho / usted había hecho* |
| he | **had done** | *él había hecho* |
| she | **had done** | *ella había hecho* |
| it | **had done** | *había hecho* |
| we | **had done** | *nosotros/as habíamos hecho* |
| you | **had done** | *ustedes habían hecho* |
| they | **had done** | *ellos/as había hecho* |

When you arrived
I **had made** the dinner
*Cuando llegaste yo había*
*hecho la cena*

She **had bought** the computer
before she told me
*Ella había comprado la*
*computadora antes de decírmelo*

---

«Had» se puede contraer en «'d»:

We**'d seen** them before they saw us
*Les habíamos visto antes de que ellos nos vieran*

---

Hay que estar atento y no confundir las contracciones de «had» y de «would», ya que ambas lo hacen de la misma manera ('d).

---

A «had» le seguirá un participio y a «would» le seguirá un infinitivo:

She**'d** <u>bought</u> a book
(She **had** <u>bought</u> a book)
*Ella había comprado un libro*

She**'d** <u>buy</u> a book
(She **would** <u>buy</u> a book)
*Ella compraría un libro*

---

**b)** en oraciones negativas se usa **«hadn't + participio»**:

The class **hadn't started**
when they arrived
*La clase no había empezado*
*cuando ellos llegaron*

You **hadn't studied** English
before you went to the USA
*Tú no habías estudiado inglés*
*antes de ir a los EEUU*

**c)** en preguntas se coloca **«had»** delante del sujeto:

**Had** you **done** your homework
before you went to school?
*¿Habías hecho tus deberes*
*antes de ir a la escuela?*

Where **had** they **worked**
before they moved to Florida?
*¿Dónde habían trabajado antes*
*de mudarse a Florida?*

Had you been here before?
*¿Habías estado antes aquí?*

Yes, I **had**
*Sí*

No, I **hadn't**
*No*

*By the time* you got home
I **had done** the cleaning
*Cuando llegaste a casa yo ya
había hecho la limpieza*

The film **hadn't started** *when*
we arrived at the cinema
*La película no había comenzado
cuando llegamos al cine*

They **had lived** in England *before* they came to the USA
*Ellos habían vivido en Inglaterra antes de venir a los EEUU*

El pretérito pluscuampefecto puede aparecer con
«already», «ever», «never» o «just»:

Had you **ever** been to
London before 2007?
*¿Habías estado alguna vez
en Londres antes de 2007?*

She had **never** seen
anything like that
*Ella nunca había visto
nada como eso*

I had **already** rung the police
when you arrived
*Ya había llamado a la policía
cuando tú llegaste*

They had **just** left when I arrived
*Ellos acababan de salir
cuando yo llegué*

# PRETÉRITO PLUSCUAMPERFECTO CONTINUO

Es el tiempo que utilizamos para expresar una acción acabada, anterior a otra en el pasado, pero mostrando que tuvo cierta duración. Equivale a «había estado + gerundio». En inglés se forma con «had been + gerundio (infinitivo + ing)».

**a)** En oraciones afirmativas la conjugación es:

### To run (correr)

| I | **had been running** | *yo había estado corriendo* |
|---|---|---|
| you | **had been running** | *tú habías estado corriendo, usted había estado corriendo* |
| he | **had been running** | *él había estado corriendo* |
| she | **had been running** | *ella había estado corriendo* |
| it | **had been running** | *había estado corriendo* |
| we | **had been running** | *nosotros/as habíamos estado corriendo* |
| you | **had been running** | *ustedes habían estado corriendo* |
| they | **had been running** | *ellos/as habían estado corriendo* |

## «Had» se puede contraer con el sujeto ('d):

I was sweating because I´d **been running** for a while
*Estaba sudando porque había estado corriendo durante un rato*

They**'d been playing** before the teacher arrived
*Ellos habían estado jugando antes de que el profesor llegara*

## b) En oraciones negativas se usa «hadn't»:

He **hadn't been washing** his car because he was at the office
*Él no había estado lavando su coche porque estaba en la oficina*

## c) En preguntas se invierte el orden de «had» y el sujeto:

**Had** you **been watching** TV before I phoned you?
*¿Habías estado viendo la televisión antes de que te llamara?*

What **had** she **been doing** all morning?
*¿Qué había estado haciendo ella toda la mañana?*

# ADVERBIOS DE MODO

Los adverbios de modo nos indican cómo ocurre algo.
Responden a la pregunta «How?» (¿Cómo?)

---

Normalmente se colocan después del verbo o del objeto

You speak English **well**
*Tú hablas inglés bien*

The bell rings **loudly**
*La campana suena alta*

---

Pero no se deben usar entre el verbo y el objeto:

I learned French **quickly**      NO ──────► I learned quickly French
*Aprendí francés rápidamente*

---

Muchos de ellos se forman añadiendo «-ly» a un adjetivo.
De esta manera se forman muchos adverbios acabados en «-mente»:

slow – **slowly**                    happy – **happily**
*(lentamente, despacio)*            *(felizmente)*

Como vemos en el segundo ejemplo, si el adjetivo acaba en
«-y», ésta cambia a «i» antes de añadir «-ly».

Si el adjetivo acaba en «-le», estas letras desaparecen al añadir «-ly»:

gentle – **gently**
*(suavemente)*

The team attacked **aggresively**
*El equipo atacó agresivamente*

terrible – **terribly**
*(terriblemente)*

The wind blows **gently**
*El viento sopla suave(mente)*

I watched the film **quietly**
*Vi la película tranquilamente*

Can you speak **slowly**, please?
*¿Puede hablar despacio, por favor?*

---

Aunque su posición habitual sea después del verbo o del objeto (si lo hay), a veces se colocan al principio de la frase para enfatizar:

**Patiently**, we waited
for the bus
*Pacientemente esperamos
el autobús*

---

También pueden ocupar otras posiciones, dependiendo de cuál sea el elemento al que modifiquen.

| | | |
|---|---|---|
| **Entre los adverbios de modo encontramos:** | well | *bueno* |
| | bad | *malo* |
| | quickly | *rápidamente* |
| | slowly | *lentamente, despacio* |
| | carefully | *cuidadosamente* |
| | softly | *suavemente* |
| | loudly | *alto (de volumen)* |
| | hard | *duro, duramente* |
| | quietly | *tranquilamente* |

## POSICIÓN DE ADVERBIOS EN LA ORACIÓN

En este capítulo trataremos los adverbios de modo, lugar y tiempo. Cuando en una oración aparezcan varios adverbios, hemos de prestar atención al lugar que deben ocupar. A continuación se muestran algunos ejemplos, que evidencian que el orden habitual es colocar primero el adverbio de modo, luego el de lugar, y, finalmente, el de tiempo:

| | modo | lugar | tiempo |
|---|---|---|---|
| **I was sleeping** | quietly | *at home* | |
| | quietly | | **yesterday** |
| | | *at home* | **yesterday** |
| | quietly | *at home* | **yesterday** |

Aunque, a veces, el adverbio de tiempo puede colocarse al principio de la oración:
**Yesterday** I was sleeping quietly *at home*

# EJERCICIOS

Elige la respuesta correcta:

**a)** I.........done my homework before you came
have / had / was

**f)** She went ........................ yesterday to the bank / to the bank yesterday

**b)** They had been to Italy before you .........there
go / gone / went

**g)** I am ........................

today well / well today

**c)** She......studied maths before she studied biology
's / 'd / 'm

**h)** I was fishing ................... quietly in the river / in the river quietly

**d)** You had ..............the ring

stole / steal / stolen

**i)** The wind blew ................... gently last week / last week gently / last gently week

**e)** We had...........about you

talking / talked / talk

**j)** You saw Mike ................... this morning in the street / in the street this morning

## Lección 22

### PREPOSICIONES

Las preposiciones son palabras que relacionan elementos en una oración. Pueden indicar procedencia, destino, dirección, motivo, lugar, medio, etc.

Ya hemos estudiado algunas de ellas en capítulos anteriores (ver capítulo 9: preposiciones de lugar y tiempo; capítulo 19: for/since) pero en esta sección mostraremos más usos de algunas preposiciones frecuentes.

### Indican movimiento:

| **From**: desde<br>(indica procedencia) | **To:** a, para (indica destino y es muy usada con verbos de movimiento) |
|---|---|
| She is coming **from** the supermarket<br>*Ella vuelve del supermercado* | They're going **to** New York<br>*Ellos van a Nueva York* |

Para expresar «llegar a un lugar» se usa generalmente **«get to»**:

She **got to** my house at six
*Ella llegó a mi casa a las seis*

Con la palabra **«home»** (casa), no se usa la preposicion «to» tras un verbo de movimento:

They **got home** late
*Llegaron a casa tarde*

I **went home** but you had already left
*Fui a casa pero ya te habías marchado*

She usually **comes home** around midnight
*Ella normalmente viene a casa alrededor de medianoche*

Con el verbo «to arrive» (llegar), pese a ser verbo de movimiento, no se puede usar «to»:

- se utiliza **«arrive at»** cuando se llegue a un lugar pequeño (una casa, un aeropuerto, un pueblo, etc.)

I **arrived at** the theater and you weren't there
*Llegué al teatro y no estabas allí*

- se utiliza **«arrive in»** cuando se llegue a una gran ciudad o a un país.

We **arrived in** Washington in the afternoon
*Llegamos a Washington por la tarde*

**Into:** dentro (hacia dentro)

Our parents went **into** the house
*Nuestros padres entraron en la casa*

**Out of:** fuera (hacia fuera)

We went **out of** the cinema very late
*Salimos del cine muy tarde*

**Onto:** sobre, encima (con movimiento)

The dog jumped **onto** the table
*El perro saltó encima de la mesa*

Indican lugar:

**Along:** por, a lo largo de

We were walking **along**
the avenue
*Estuvimos paseando
por la avenida*

**Across:** de un lado a otro

Can you go **across** the street?
*¿Puedes cruzar la calle?
(ir al otro lado)*

**Up:** arriba, hacia arriba

We went **up** the stairs
*Subimos las escaleras*

**Up to:** hasta

You were walking **up to** the park
*Ustedes estuvieron andando
hasta el parque*

**Down:** abajo, hacia abajo

I went **down** this street
and turned left
*Yo bajé esta calle y giré
a la izquierda*

**Over:** por encima de

The cat jumped **over** the box
*El gato saltó por
encima de la caja*

**Around**: alrededor de

The animals are always running
**around** the table
*Los animales están siempre
corriendo alrededor de la mesa*

**Through**: por, a través de

Have you thrown anything
**through** the window?
*¿Has tirado algo por la ventana?*

Indican medio de transporte:

**By**: en (medio de transporte)

For long distances I always
travel **by** plane
*Para largas distancias
siempre viajo en avión*

«By» se utiliza para todos
los medios de transporte,
excepto «on foot» (a pie),
«on horse» (a caballo) y
«on a bicycle» (en bicicleta)

Pero si nos referimos al vehículo, no como medio de transporte, sino como lugar:

«In» se usa para autos y «on» para el resto de los medios de transporte

They are **in** my car
*Están en mi auto*

We flew **on** a very old plane
*Volamos en un avión muy viejo*

Cuando queramos subir o bajar de un medio de transporte:

- si es un auto:

**get in(to) a car**: *subir a un auto*
**get out of a car**: *salir de un auto*

- si es un autobús, tren,
bicicleta, etc:

**get on(to)**: *subir*
**get out of**: *bajar*

- si es un barco o un avión:

**get on(to)**: *subir*     **get off**: *bajar*

## Indican tiempo y duración:

### «For» y «during»:
Ambas significan *«durante»* pero:

**For + período de tiempo:**

I was on holidays
**for two weeks**
*Estuve de vacaciones
durante dos semanas*

**During + sustantivo:**

We were talking about you
**during the meal**
*Estuvimos hablando de ti
durante la comida*

### «From .... to...» y «since....until/till...»:
Tanto **«from»** como **«since»** significan *«desde»* y tanto **«to»** como **«until»** o **«till»** significan *«hasta»*. Si se quiere decir *«desde (un momento) hasta (otro momento)»* se usarán:

**From...to...**
I work **from** Monday **to** Friday   *Trabajo de lunes a viernes*

**Since...until/till...**
He was staying at home **since** May, 2 **until** June, 6.
*Se quedó en casa desde el 2 de mayo hasta el 6 de junio*

## Indicando similitud:

**«Like»** y **«as»** son preposiciones cuando preceden
a un sustantivo o un pronombre.

**«Like»** equivale a *«como»*, con sentido de
*«parecido a algo pero sin serlo»*:

This house is **like** a hotel
*Esta casa es como un hotel*
*(pero no es un hotel)*

He behaves **like** his father
*Se comporta como su padre*
*(pero no es su padre)*

**«As»** equivale a *«como»*, con sentido de *«igual a*
*algo por ser o servir de la misma manera»*:

During the war, this building
was used **as** a hospital
*Durante la guerra, este edificio*
*se usó como hospital (sirvió de*
*hospital, fue hospital)*

**«As»** también se utiliza con
profesiones u ocupaciones:

I worked **as** a mechanic
*Trabajé como mecánico*

Otras preposiciones frecuentes,
con distintas funciones son:

| | |
|---|---|
| **about:** | acerca de, sobre aproximadamente |
| **against:** | contra |
| **around:** | alrededor de |
| **beside:** | junto a |
| **by:** | cerca de |
| **despite /in spite of:** | a pesar de |
| **for:** | durante, por, para |
| **of:** | de |
| **off:** | fuera . |
| **out of:** | fuera de |
| **to:** | a, hacia / para / hasta |
| **towards:** | hacia |
| **with:** | con |
| **without:** | sin |

Las preposiciones también son
usadas en expresiones o frases
hechas, como:

| | |
|---|---|
| **at last:** | por fin |
| **by chance:** | accidentalmente por casualidad |
| **for example:** | por ejemplo |
| **from time to time:** | de vez en cuando |
| **in fact:** | de hecho, realmente |
| **of course:** | por supuesto |
| **on fire:** | ardiendo |
| **on purpose:** | a drede, a propósito |

# EJERCICIOS

Elige la respuesta correcta:

**a)** I arrived...........
New York at six
at / in / to

**f)** I was thinking............you

in / about / across

**b)** He's Italian.
He comes ........ Italy
at / from / of

**g)** He is ...........me:
tall and handsome
as / like / out of

**c)** I like going ........the cinema

out / to / inside

**h)** She's at school
.............. 9 to 5.
since / from / until

**d)** We went .......the
street and there you were
over / up / into

**i)** I'll be here ..........midnight

until / for / in

**e)** I go to work .......... bus

in / on / by

**j)** Will you do it?
...... course!
In / Of / At

# Lección 23

## EL FUTURO

## ESTRUCTURAS

En inglés hay varias maneras de expresar acciones en futuro. En este capítulo nos ocuparemos de tres de ellas:

- futuro simple (will + infinitivo)
- futuro de intención (be going to + infinitivo)
- futuro concertado (be + gerundio)

## FUTURO SIMPLE

El futuro simple se forma con el modal **«will»** y el **infinitivo del verbo sin «to»**, como ya aprendimos en el capítulo 12.

## a) La forma afirmativa es:

### To go (ir)

| | | |
|---|---|---|
| I | **will go**\* | *yo iré* |
| you | **will go** | *tu irás, usted irá* |
| he | **will go** | *él irá* |
| she | **will go** | *ella irá* |
| it | **will go** | *irá* |
| we | **will go**\* | *nosotros/as iremos* |
| you | **will go** | *ustedes irán* |
| they | **will go** | *ellos/as irán* |

\* «I» y «we» también pueden tener la forma «shall»

I **will/shall** accept the job
*Aceptaré el trabajo*

You **will** go there if you want
*Irás allí si quieres*

We **will/shall** invite you
*Nosotros te invitaremos*

- Ya sabemos que **«will»** y **«shall»** se pueden contraer en **«'ll»**:

I**'ll do** it for you
*Lo hare por ti*

She**'ll get** the tickets
*Ella conseguirá los billetes*

**b)** En oraciones negativas usamos **«will not»** o **«won't»** («shall not» o «shan't» no son muy usados):

We **won't** get the prize
*No conseguiremos el premio*

They **won't** win the match
*Ellos no ganarán el partido*

**c)** En preguntas se colocan **«will /shall»** delante del sujeto:

When **will** you do the shopping?
*¿Cuándo harás la compra?*

**Shall** I help you?
*¿Le ayudo?*

**d)** También en respuestas cortas:

Will it rain tomorrow? No, it **won't**
*¿Lloverá mañana? No, no lo hará*

El futuro simple se utiliza:

**1)** para predicciones futuras:

She**'ll** have a new house
*Ella tendrá una casa nueva*

**2)** para expresar decisiones espontáneas:

I**'ll** answer the phone
*Yo cojo el teléfono*

**3)** para invitaciones:

**Will** you come to the party?
*¿Vendrás a la fiesta?*

**4)** para pedir ayuda o un favor:

**Will** you help me?
*¿Me ayudas?*

**5)** **«shall»** se usa, en preguntas, para expresar ofertas y sugerencias:

**Shall** I drive you home?
*¿Te llevo a casa (en coche)?*

**Shall** we go to the opera next Sunday?
*¿Vamos a la opera el próximo domingo?*

# TO BE GOING TO

Otra forma de futuro es la que se expresa con el presente de «to be» (am, are, is) junto a «going to» y el infinitivo del verbo:

El futuro con «to be going to» se usa:

| **1)** para expresar planes o intenciones: | **2)** para hacer una predicción, con pruebas evidentes: |
|---|---|
| She **is going to** pass the exam<br>*Ella va a aprobar el examen* | It's very cloudy. It**'s going to** rain<br>*Está muy nublado. Va a llover* |

Sus formas son:

### a) Para frases afirmativas:

I **am going to** rest for a while
*Voy a descansar durante un rato*

They **are going to** move
to another state
*Ellos se van a mudar a otro estado*

He **is going to buy**
some meat
*Él va a comprar carne*

El verbo «to be» se puede contraer:
You**'re going to** learn a lot of things
*Vas a aprender muchas cosas*

### b) Para las negaciones, se usa «am not», «aren't» o «isn't»:

Her aunt **isn't going to** drink wine
*Su tía no va a beber vino*

I **am not going to write** a book
*No voy a escribir un libro*

### c) Para preguntas, «am», «are» o «is» se colocan delante del sujeto:

**Are** you **going to** buy a dictionary?
*¿Vas a comprar un diccionario?*

**Is** your sister **going to** learn English?
*¿Tu hermana va a aprender inglés?*

**d)** En respuestas cortas:

Are you going to see the match on TV? Yes, I **am.**

Si el verbo que usamos es «go» o «come», en lugar de decir
«going to go» o «going to come», decimos «going to» o «coming to»:

I**'m going to** the cinema on Saturday
*El sábado voy a ir al cine*

They**'re coming to** the meeting
*Ellos van a venir a la reunión*

En inglés americano hablado, es muy frecuente
el uso de «gonna» por «going to»:

We're **gonna** win! *¡Vamos a ganar!*

# EL PRESENTE CONTINUO COMO FUTURO

I**'m flying** to Europe in October
*Volaré a Europa en octubre
(ya tengo el boleto)*

He**'s meeting** Joan at the bar
*Va a encontrarse con Joan
en el bar (tienen una cita)*

They**'re getting married** soon
*Ellos se van a casar pronto*

Una tercera forma de expresar futuro en inglés es por medio del presente continuo. Como ya apuntamos en el capítulo 10, el presente continuo se utiliza cuando queremos expresar acciones futuras ya organizadas o concertadas.

No sólo basta tener la intención de realizar la acción (para ello se usa «to be going to»), sino que hay que tener la acción ya planeada o dispuesta.

I'm **having lunch** with
a friend tomorrow
*Mañana voy a almorzar con un amigo*

**Is** he **visiting** the doctor on Tuesday?
*¿Tiene visita con el
médico el martes?*

# EJERCICIOS

Elige la respuesta correcta:

**a)** I've got some money and
...................... a new car
I'm going to buy / I'm buying / I'll

**f)**................do me a favor?

Will you / Are you going to

**b)** She .......................
to New York on June, 17
will fly / is flying / is going to fly

**g)** Is it going to snow?
Yes, it .......
will / is / does

**c)** There are black clouds.
I think it .................rain
is going to / will

**h)** She ....................
to the theater
is going to go / is going

**d)** There are black clouds but
I think it.................rain
isn't going to / won't

**i)** They .............with
some friends tomorrow
are going to have dinner / will have
dinner / are having dinner

**e)** Do you have a headache? Ok,
I.................take you an aspirin
am going to take / 'll

**j)** We .................open
a new factory next year
are going to / will

SOLUCIONES
**a)** I'm going to buy / **b)** is flying / **c)** is going to / **d)** won't / **e)** 'll, / **f)** Will you / **g)** is / **h)** is going / **i)** are having dinner / **j)** are going to

187

# Lección 24

EL CONDICIONAL

EL IMPERATIVO

PRONOMBRES REFLEXIVOS

## EL CONDICIONAL

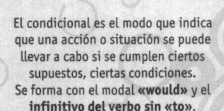

El condicional es el modo que indica que una acción o situación se puede llevar a cabo si se cumplen ciertos supuestos, ciertas condiciones. Se forma con el modal **«would»** y el **infinitivo del verbo sin «to»**.

| **a) La forma afirmativa es:** | | |
|---|---|---|
| To choose (elegir) | | |
| I | **would choose** | *yo elegiría* |
| you | **would choose** | *tú elegirías* |
| | | *usted elegiría* |
| he | **would choose** | *él elegiría* |
| she | **would choose** | *ella elegiría* |
| it | **would choose** | *elegiría* |
| we | **would choose** | *nosotros/as elegiríamos* |
| you | **would choose** | *ustedes elegirían* |
| they | **would choose** | *ellos/as elegirían* |

I **would choose** the blue shirt
*Yo elegiría la camisa azul*

They **would discover** new medicines
*Ellos descubrirían nuevos medicamentos*

**«Would» se puede contraer en «'d»:**

**We'd buy** the drinks for the party
*Nosotros compraríamos las bebidas para la fiesta*

**She'd go** to work by car
*Ella iría a trabajar en auto*

Cuidado con no confundir la contracciones de «would» y «had»:
A «would» le sigue un infinitivo y a «had», un participio.

**b) Para negaciones, utilizamos «would not (wouldn't)»**
delante del infinitivo:

I **wouldn't like** to smoke
*No me gustaría fumar*

Your brother **wouldn't wake up** early
*Tu hermano no se despertaría temprano*

**c)** Para preguntas, colocamos **«would»** delante del sujeto:

**Would** you **like** to go abroad?
*¿Te gustaría ir al extranjero?*

What **would** he **do**?
*¿Qué haría él?*

**d)** En respuestas cortas:

Would you do it for me? Yes, I **would**

La forma de condicional (would + infinitivo) tiene distintas funciones en inglés:

**1)** Se usa como el futuro para una acción pasada:

She said that she **would** make a decision
*Ella dijo que tomaría una decisión (dijo algo que realizaría en un futuro)*

**2)** Para ofrecimientos e invitaciones:

**Would** you like a drink?
*¿Quieres una bebida?*

**3)** Para expresar deseos y peticiones cortésmente

I **would** like some cake, please
*Quiero (me gustaría) pastel, por favor*

# EL IMPERATIVO

El imperativo es el modo que expresa órdenes.
Se forma con el **infinitivo del verbo sin «to».**

Como siempre va dirigido a la 2ª persona, bien del singular, bien del plural (tú, usted, ustedes) y, en inglés, todas ellas son «you», no se necesita sujeto.

**a)** La forma afirmativa es el infinitivo sin «to»:

**Sit down!** *¡Siéntate!*

**Have a look** at this.
*Echa una ojeada a esto.*

**b)** La negación se forma con «do not (don't)» delante del infinitivo:

**Don't** eat that! *¡No comas eso!*

**Don't** do the first exercise
*No hagan el primer ejercicio*

El imperativo se usa para:

**1)** expresar órdenes directas:

**Shut up!** *¡Cállate!*
**Get out of here!** *¡Sal de aquí!*

**2)** para peticiones:

**Take** me home, please
*Llévame a casa, por favor*

**3)** para dar instrucciones:

**Shake** well before use
*Agitar bien antes de usar*

**Turn** left at the traffic lights
*Gire a la izquierda en el semáforo*

**4)** para invitaciones:

**Help** yourself
*Sírvete tú mismo*

Please, **take** a seat
*Por favor, tome asiento*

**5)** para prohibiciones:

**Don't smoke** in this area
*No fumen en esta zona*

**Don't cross over**
*No pasar*

**6)** para señales y avisos

**Pull** *Tire, hale, tirar, halar*

**Push** *Empuje, empujar*

**Insert coin** *Introducir moneda*

**7)** para dar consejo, de manera informal:

**Speak** to her. Things will be ok
*Habla con ella. Las cosas irán bien*

**Stay** at home and **have** a rest
*Quédate en casa y descansa*

**Do** it yourself   *Hazlo tú mismo*

En algunos de estos ejemplos aparecen pronombres reflexivos
(«yourself»), que pasamos a tratar en la siguiente sección.

# PRONOMBRES REFLEXIVOS

Los pronombres reflexivos se utilizan para expresar que el sujeto realiza la acción y la recibe él mismo.

Son los siguientes:

| | |
|---|---|
| **myself** | *me, yo mismo, a mí mismo* |
| **yourself** | *te, tú mismo, a ti mismo* |
| **himself** | *se, él mismo, a él mismo* |
| **herself** | *se, ella misma, a ella misma* |
| **itself** | *se, él/ella mismo/a, a él/ella mismo/a* |
| **ourselves** | *nos, (a) nosotros/as mismos/as* |
| **yourselves** | *se, (a) ustedes mismos/as* |
| **themselves** | *se, (a) ellos/as mismos/as* |

She cut **herself**                 She is looking at **herself** in the mirror
*Ella se cortó (a sí misma)*              *Ella se está mirando en el espejo*

Do you want to hurt **yourself**?
*¿Quieres hacerte daño?*

A veces se usan sin un significado como tal, sino como elemento enfatizador del sujeto:

I did it **myself**
*Lo hice (yo mismo)*

Did he solve the problem **himself**?
*¿Solucionó el problema (él mismo)?*

Hay que notar la diferencia entre las formas singulares, acabadas en **«-self»** y las plurales, acabadas en **«-selves»**:

You washed **yourself**
*Te lavaste (a ti mismo)*

You washed **yourselves**
*Ustedes se lavaron (a ustedes mismos)*

# EJERCICIOS

Elige la respuesta correcta:

**a)** The situation was dangerous.
What ...........you do?
will / do / would

**f)** ..............the bottle.
It's toxic.
Open / Don't open / Didn't open

**b)** ..........The bus is coming!
Hurry up! / Sit down!
/ Go to bed!

**g)** Would you like a cake?
Yes, I ......................
'd / would / will

**c)** I ................if I could
will do it / am doing it
/ would do it

**h)** If I were you,
I........................go there
won't / wouldn't / don't

**d)** We are looking at
.....................in the mirror
themselves / ourselves / myself

**i)** She...................
like to dance
's / 'd / has

**e)** I am learning English by
...................
yourself / myself / herself

**j)** You cut................
with a knive
yourself / himself / myself

**SOLUCIONES**

a) would / b) Hurry up! / c) would do it / d) ourselves / e) myself /
f) Don't open / g) would / h) wouldn't / i) 'd / j) yourself

# Lección 25

## VERBOS CON GERUNDIO Y CON INFINITIVO

# VERBOS CON GERUNDIO Y CON INFINITIVO

Hay oraciones en las que nos encontramos que el verbo está formado, en realidad, por dos verbos. El primero será el verbo que se conjugue, y el segundo, o es un infinitivo, o es un gerundio.

I **want** <u>to have</u> a rest
*Quiero descansar*

He **likes** <u>swimming</u>
*Le gusta nadar*

Para saber cuál hemos de usar, no podemos guiarnos de la traducción en español, ya que, en numerosos casos, no coincide. Para aprenderlos, tenemos que practicar y memorizarlos.

El hecho de que el segundo verbo sea infinitivo o gerundio dependerá del primer verbo, que pasamos a tratar con más detalle a continuación:

## VERBOS + GERUNDIO

El gerundio (infinitivo + ing) se utiliza después de una serie de verbos, entre los que se encuentran:

| like | gustar | |
|------|--------|---|
| love | encantar | |
| hate | odiar | |
| admit | admitir | |
| miss | añorar, extrañar | + gerundio (infinitivo + ing) |
| deny | negar | |
| enjoy | disfrutar | |
| finish | terminar | |
| avoid | evitar | |
| mind | importar | |

El primer verbo se conjugará en el tiempo y para la persona correspondiente, mientras que el segundo será, invariablemente, gerundio:

I **like** <u>fishing</u>
*Me gusta pescar*

Do you **admit**
<u>stealing</u> the purse?
*¿Admite que robó el monedero?*

They **missed** <u>living</u> in Mexico
*Ellos añoraban vivir en México*

My uncle **enjoys** <u>cooking</u>
*Mi tío disfruta cocinando*

I **haven't finished**
<u>doing</u> my homework
*No he terminado de hacer los deberes*

Do you **mind** <u>opening</u> the door?
*¿Te importa abrir la puerta?*

# VERBOS CON INFINITIVO

El infinitivo con «to» se utiliza después de muchos verbos, entre los que están:

| | | |
|---|---|---|
| **agree** | *estar de acuerdo* | |
| **arrange** | *concertar* | |
| **decide** | *decidir* | |
| **hope** | *esperar* | |
| **learn** | *aprender* | + **to** + **infinitivo** |
| **manage** | *poder, arreglárselas* | |
| **promise** | *prometer* | |
| **swear** | *jurar* | |
| **want** | *querer* | |

En la sección anterior vimos que siguiendo a los verbos «like», «hate» y «love», por ejemplo, se usa el gerundio. Si estos verbos están conjugados en condicional (would + infinitivo), regirán que el verbo que les siga sea infinitivo con «to».

I **like** dancing    pero
*Me gusta bailar*

I **woud like** to dance
*Me gustaría bailar*

She **learned** to drive two years ago
*Ella aprendió a conducir hace dos años*

His family **decided** to go to Canada on holidays
*Su familia decidió ir a Canadá en vacaciones*

I **hope** to win the competition
*Espero ganar la competición*

You **promised** to come
*Prometiste venir*

We **would like** to have something for dinner
*Nos gustaría cenar algo*

They **want** to buy a hotel
*Ellos quieren comprar un hotel*

---

En inglés americano hablado, es muy frecuente el uso de «wanna» por «want to»

I **wanna** do it
(I want to do it)
*Quiero hacerlo*

**a)** Hay verbos que preceden tanto a un infinitivo como a un gerundio, sin cambio de significado (begin, start, continue):

I **started** to watch TV at six   o   I **started** watching TV at six

*Empecé a ver la televisión a las seis*

Pero otros cambian de significado (forget, remember, stop):

I **forgot** to feed the cat
*Olvidé dar de comer al gato*
I **forgot** feeding the cat
*Olvidé que le había dado
de comer al gato*

She **remembered** to lock the door
*Ella se acordó de cerrar la puerta con llave*
She **remembered** locking the door
*Ella recordó que había cerrado
la puerta con llave*

We **stopped** doing exercise
*Dejamos de hacer ejercicio*
We **stopped** to do exercise
*Dejamos lo que estábamos haciendo para hacer ejercicio*

**b)** Muchos de los verbos antes citados admiten un objeto, que se colocará detrás del primer verbo. Como veremos, el significado de la frase cambiará:

I want to buy a new car
*Quiero comprar un auto nuevo*

I want **you** to buy a new car
*Quiero que tú te compres
un auto nuevo*

They would like to pay for the meal
*A ellos les gustaría pagar la comida*

They would like **you** to pay for the meal
*A ellos les gustaría que
tú pagaras la comida*

**c)** Algunos verbos precisan que el infinitivo que sigue al objeto no lleve «to» (let, make):

His mother didn't **let** him **go** out
*Su madre no le permitió salir*

The film **made** me **cry**
*La película me hizo llorar*

Vemos que no hay muchas reglas que nos ayuden a saber si usar un infinitivo o un gerundio tras otro verbo, por lo que nos tendremos que apoyar en la memoria y en la práctica.

## EJERCICIOS

Elige la respuesta correcta:

**a)** They love.............
to play tennis / playing tennis
/ play tennis

**f)** Would you like.........now?
going out / go out
/ to go out

**b)** I want you .........at seven
get up / getting up
/ to get up

**g)** They decided ................
their new house
sell / selling / to sell

**c)** We enjoyed.............
new places
knowing / know / to know

**h)** Can you stop ................?

to talk / talking / talk

**d)** They had promised
................back here
come / to come / coming

**i)** She hasn't finished
......................the table
to paint / paint / painting

**e)** His jokes made me
.....................
laugh / to laugh / laughing

**j)** I hope..............the exam

pass / to pass / passing

# Lección 26

## CLÁUSULAS DE RELATIVO

## PRONOMBRES RELATIVOS

## CLÁUSULAS DE RELATIVO

Hay veces que, en una oración, unimos dos cláusulas que tienen un elemento en común:

I saw <u>a man</u>     <u>The man</u> was reading the newspaper
*Vi a un hombre*     *El hombre estaba leyendo el periódico*

I saw <u>a man</u> **who** was reading the newspaper
*Vi a un hombre que estaba leyendo el periódico*

Para unir estas cláusulas hacemos uso de los pronombres relativos, que sustituyen al nombre y evitan así su repetición. Éstas son las llamadas cláusulas de relativo.

Las cláusulas de relativo pueden ser explicativas (defining relative clauses) o especificativas (non defining relative clauses).

### Cláusulas explicativas:

En las cláusulas explicativas, toda la información es necesaria para la comprensión de la frase y no hay información extra entre comas.

Los pronombres utilizados serán **«who»** (para personas), **«which»** (para cosas) y **«that»** (tanto para personas como para cosas).

A butcher is a person
**who** sells meat
*Un carnicero es una
persona que vende carne*

This is the book **that** was on the floor
*Este es el libro que estaba en el suelo*

Cuando tratemos de personas, es más frecuente el uso de «who» que de «that», pero para cosas, se suele usar más «that» que «which». En cualquier caso, todos ellos equivalen al pronombre relativo **«que»** en español.

En las cláusulas explicativas, este **«que»** puede preceder a un sujeto o a un verbo. Si precede a un sujeto, se puede omitir (de hecho, se suele hacer). Si precede a un verbo, nunca se puede omitir.

The man (who) I saw is Tom
*El hombre que vi es Tom*

The man **who** stole my car has been captured
*El hombre que robó mi auto ha sido detenido*

Have you seen the things (that) I put on the table?
*¿Has visto las cosas que puse en la mesa?*

A bottle opener is a tool **that** opens bottles
*Un abrebotellas es una herramienta que abre botellas*

The book (which) I took from the library is interesting
*El libro que saqué de la biblioteca es interesante*

Has he eaten the cake **which** was on the table?
*¿Se ha comido el pastel que había en la mesa?*

Además de estos pronombres, si nos referimos a un lugar usaremos **«where»** (donde), si es a un período de tiempo o a un momento utilizaremos **«when»**, y si es a un motivo o razón, usaremos **«why»**. En estos casos siempre van seguidos de un sujeto, pero no se omiten (*):

This is the house **where** I was born
*Esta es la casa donde nací*

I don't remember **when** I met you
*No recuerdo cuándo te conocí*

This is **why** she came
*Eso es por lo que ella vino*

(*) «Where» sí que podría omitirse, pero, en su lugar, debe aparecer una preposición que nos remita al lugar y que se coloca al final:

This is the house
I was born **in**

That is the hotel
we were staying **at**

**«What»** también puede funcionar de pronombre relativo. Equivale a «aquello que, lo que»:

I don't understand
**what** you say
*No comprendo*
*lo que dices*

## Cláusulas especificativas:

En estas cláusulas no toda la información es necesaria para la perfecta comprensión de la frase, sino que encontramos una información adicional, que siempre estará entre comas.

My sister, **who lives in Oregon,** is older than me
*Mi hermana, que vive en Oregon, es mayor que yo*
*(«who lives in Oregon» es una información*
*extra acerca de la hermana.)*

En este tipo de cláusulas, los pronombres utilizados son **«who»** para personas y **«which»** para cosas. <u>Nunca</u> se utiliza «that».

Estos pronombres se colocarán al principio de la cláusula que va entre comas (la que ofrece una información extra) y en ningún caso se pueden omitir:

This watch, **which** I bought in 1975, is still working.
*Este reloj, que compré en 1975, todavía funciona.*

This watch, **which** was made in China, is nice
*Este reloj, que fue fabricado en China, es bonito.*

That boy, **who** lives in France, is very intelligent
*Ese muchacho, que vive en Francia, es muy inteligente*

That boy, **who** I met in France, is very intelligent
*Ese muchacho, a quien conocí en Francia, es muy inteligente*

Hay veces en que el pronombre **«which»** sustituye a toda la cláusula anterior:

I passed my exams, **which** made me very happy
*Aprobé los exámenes, lo que me hizo muy feliz (el hecho de aprobar mis exámenes)*

---

Cuando queramos indicar posesión, usaremos **«whose»** (cuyo/a/os/as) tanto en cláusulas explicativas como especificativas:

I don't remember that girl, **whose** name is Gloria
*No me acuerdo de esa chica, cuyo nombre es Gloria*

Have you seen the man **whose** car is blocking the entrance?
*¿Has visto al hombre cuyo coche está bloqueando la entrada?*

---

Preposiciones en cláusulas de relativo:

En muchas ocasiones nos encontramos preposiciones en cláusulas de relativo. Éstas se colocan al final de las mismas; sin embargo, cuando usemos un inglés formal, las preposiciones se pueden colocar delante del pronombre relativo.

Si este pronombre es «who», con cualquier preposición delante cambia a «whom».

This is the person I was talking about (coloquial)
*Esta es la persona de la que estaba hablando*
This is the person about **whom** I was talking (formal)
*Esta es la persona de la que estaba hablando*

It is a matter I hadn't worked on (coloquial)
*Es un tema en el que no había trabajado*
It is a matter on **which** I hadn't worked (formal)
*Es un tema en el que no había trabajado*

# EJERCICIOS

Elige la respuesta correcta: (si se puede omitir el pronombre, omítelo)

**a)** The man ........is wearing
a hat is James
- / who / which

**f)** She doesn't understand
...........you say
that / what / which

**b)** The pen...........you gave
her is nice
that / who / -

**g)** My mother came home,
...........made me happy.
who / what / which

**c)** Have you seen the book
.......I put on the table?
who / which / -

**h)** These are the carpets............
I brought from his house
who / - / which

**d)** The children, ........were
hungry, had nothing to eat
who / that / which

**i)** Where are the girls ...........
won the competition?
that / who / which

**e)** I want to learn English. That is
......... I bought this book
how / why / -

**j)** These coins, ............
I found last week, are valuable
that / which

Lección 27

EXPRESIONES DE
ACUERDO O DESCUERDO
CON ALGO

USO DE «TAMBIÉN»

USO DE «SO» Y «SUCH»

## EXPRESIONES DE ACUERDO O DESCUERDO CON ALGO

Para expresar acuerdo o desacuerdo con alguna información citada, se pueden utilizar distintas estructuras:

**a) So** para expresar *también* y **neither** para expresar *tampoco*.

Ambas estructuras van seguidas del auxiliar (siempre de forma afirmativa y concordando con el tiempo verbal) y del sujeto que corresponda. Si el verbo no es auxiliar, se usarán *do, does* o *did* :

He is American. **So am I**
*Él es americano.*
*Yo, también*

They were swimming in the sea. **So was she**
*Ellos estuvieron nadando en el mar. Ella, también*

She likes tea. **So do I**
*A ella le gusta el té. A mí, también*

We went to the market. **So did he**
*Nosotros fuimos al mercado. Él, también*

She can speak English. **So can I**
*Ella sabe hablar inglés. Yo, también*

He isn't American. **Neither am I**
*Él no es americano. Yo, tampoco*

They weren't swimming in the sea.
**Neither was she**
*Ellos no estuvieron nadando en el mar.
Ella, tampoco*

She doesn't like tea. **Neither do I**
*A ella no le gusta el té. A mí, tampoco*

We didn't go to the market. **Neither did he**
*Nosotros no fuimos al Mercado. Él, tampoco*

She can't speak English. **Neither can I**
*Ella no sabe hablar inglés. Yo, tampoco*

En estas expresiones, «neither» se puede sustituir también por «nor»:

She can't speak English. **Nor can I**
*Ella no sabe hablar ingles. Yo, tampoco*

**b)** Al usar la primera persona, también es frecuente usar **«Me, too»** *(yo, también)* o **«Me, neither»** *(yo, tampoco)*:

She can dance very well. **Me, too**
*Ella sabe bailar muy bien. Yo, también*

They aren't doctors. **Me, neither**
*Ellos no son médicos. Yo, tampoco*

**c)** Con el verbo **agree** *(estar de acuerdo)* y **disagree** *(no estar de acuerdo)*:

They want to build a new theater and I **agree** with that
*Quieren construir un teatro nuevo y estoy de acuerdo con ello*

She is telling the story but I **disagree** (o I don't agree)
*Ella está contando la historia pero yo no estoy de acuerdo.*

Otras estructuras relacionadas son:

| | |
|---|---|
| **I think so** | Creo que sí |
| **I hope so** | Espero que sí |
| **I suppose so** | Supongo que sí |
| **I guess so** | Creo que sí |
| **I'm afraid so** | Me temo que sí |

Se utilizan para evitar repetir la información anterior.

Are you going to the meeting next week? **I think so**
*¿Vas a ir a la reunión la semana próxima? Creo que sí*

Have they studied for the test? **I hope so**
*¿Han estudiado para el examen? Espero que sí*

La forma negativa es:

| | |
|---|---|
| **I don't think so** | Creo que no |
| **I hope not** | Espero que no |
| **I don't suppose so** o **I suppose not** | Supongo que no |
| **I guess not** | Creo que no |
| **I'm afraid not** | Me temo que no |

Has he already finished his homework? **I'm afraid not**
*¿Ha terminado él ya sus deberes? Me temo que no*

Did he get up early? **I don't think so**
*¿Se levantó él temprano? Creo que no*

# USO DE «TAMBIÉN»

Además de las estructuras ya explicadas, vamos a ver distintas maneras de expresar «también». **Also**, **too** y **as well** equivalen a «también» en español.

| **Also** suele colocarse delante del verbo, si éste no es auxiliar, o detrás del auxiliar si lo hay: | **Too** y **as well** van colocados al final de la frase: |
|---|---|
| He likes horror films and I **also** like them<br>*A él le gustan las películas de terror y a mí también (me gustan)* | They went to the movies and I went there, **too**<br>*Ellos fueron al cine y yo fui allá también* |
| His parents have **also** come to the party<br>*Sus padres también han venido a la fiesta* | I can speak English.... and French, **as well**<br>*Sé hablar inglés.... y francés, también* |

# SO Y SUCH

Ambas palabras suelen confundir al estudiante de inglés.

**«So»** acompaña a un adjetivo y equivale a «tan»:

So + adjetivo

Don't be **so naughty**!
*¡No seáis tan traviesos!*
The house is **so big**...
*La casa es tan grande....*

**«So»** también puede
acompañar a un abverbio:

She speaks **so** slowly that you can
understand her very well
*Habla tan despacio que puedes
entenderla muy bien*

**«Such»** acompaña a un adjetivo y a un sustantivo.
Si el sustantivo es contable en singular, se coloca «a(n)» delante del
adjetivo. Equivale a «un + sustantivo + tan + adjetivo»:

Such (a/an) + adjetivo + sustantivo

It is **such a nice film**!
*¡Es una película tan bonita!*

I couldn't buy them. They were **such expensive pictures**!
*No pude comprarlos. ¡Son unos cuadros tan caros!*

Tanto «so» como «such» refuerzan el significado del adjetivo:

The book was **so interesting** (that) I read it quickly
*El libro era tan interesante que lo leí rápidamente*

It was **such an interesting** book (that) I read it quickly.
*Era un libro tan interesante que lo leí rápidamente*

# EJERCICIOS

Elige la respuesta correcta:

**a)** I always get up at seven.
........... do I.
Neither / So / Also

**f)** I speak French .............
also / so / as well

**b)** She isn't very happy today.
Neither ...... he
isn't / is / so

**g)** It is .............expensive
that I couldn't buy it
such / so / also

**c)** They will read the
newspaper. So ....... I
did / am / will

**h)** It was .............. a good team
that they won some competitions
neither / so / such

**d)** My sister ............
likes cartoons
too / as well / also

**i)** It is .............. late that
we have to hurry up.
such / also / so

**e)** You should study the list
of irregular verbs .......
also / neither / too

**j)** I don't like ..............
terrible stories
such / so / as well

*Lección 28*

ORACIONES
CONDICIONALES

## ORACIONES CONDICIONALES

Las oraciones condicionales están formadas por dos frases, cada una con un sujeto, un verbo, y, en muchos casos, unos complementos.
Una de las frases expresará una condición y la otra mostrará el resultado.
Dependiendo del grado de seguridad en que se puedan cumplir dichas acciones, existen varios tipos de oraciones condicionales.
La frase que expresa la condición, esté colocada en primer o en segundo lugar, siempre irá precedida de la partícula condicional **«if»** (si):

<u>If I study hard</u>, I will pass the exam   o   I will pass the exam <u>if I study hard</u>
  condición         resultado            resultado          condición

*Si estudio mucho*               *Aprobaré el examen*
*aprobaré el examen*             *si estudio mucho*

# ORACIONES CONDICIONALES 1er TIPO

En el primer tipo de oraciones condicionales, la condición es factible y el resultado, probable. Se usa el presente simple en la condición y el futuro en el resultado:

**If** + sujeto + **presente** + (complementos), sujeto + **futuro** + (complementos)

**If** you <u>are</u> late, you <u>will miss</u> the bus
*Si vas con retraso perderás el autobus*

**If** they <u>come</u> home tonight, we'<u>ll play</u> cards
*Si vienen a casa esta noche, jugaremos a las cartas*

She <u>will go</u> to the party **if** you <u>invite</u> her
*Ella irá a la fiesta si la invitas*

Ambas frases pueden ser afirmativas, negativas o una afirmativa y la otra negativa. Para negar la condición usaremos la forma negativa del presente y para negar el resultado, la forma negativa del futuro:

She <u>won't ring</u> you up **if** you <u>don't give</u> her your number
*Ella no te llamará si no le das tu número*

I <u>won't wake</u> you up **if** I <u>get</u> up early
*No te despertaré si me levanto temprano*

**If** they <u>don't help</u> you, I'<u>ll do</u> it
*Si ellos no te ayudan, yo lo haré*

También pueden usarse en preguntas, pero lo que realmente se pregunta es por el resultado, que será la frase que adopte la estructura interrogativa. Por lo tanto, usaremos el futuro en preguntas:

If you lose your job, **what will you do?**
*Si pierdes el trabajo, ¿qué harás?*

**What will she do** if you tell her?
*¿Qué hará ella si se lo cuentas?*

Hasta aquí la estructura básica del primer tipo de oraciones condicionales, pero se pueden realizar algunos cambios en dicha estructura:

**«If»** puede cambiar a **«when»** para expresar que la condición se va a realizar en algún momento:

**If** you come home you will taste my salad
*Si vienes a casa probarás mi ensalada*
*(si no vienes, no lo harás)*

**When** you come home you will taste my salad
*Cuando vengas a casa probarás mi ensalada*
*(se da por hecho que irá)*

**«Will»** puede sustituirse por:

## - «to be going to»:

When I see him **I'm going to** embrace him
*Cuando le vea voy a abrazarle*

## - «can»o «must»:

If you pay attention you **can** learn easily
*Si prestas atención puedes aprender fácilmente*

If you go to Paris you **must** see the Eiffel tower
*Si vas a París tienes que ver la torre Eiffel*

## - un imperativo:

If you want to eat well, **come** to my restaurant!
*Si quieres comer bien, ¡ven a mi restaurante!*

# ORACIONES CONDICIONALES 2° TIPO

En el segundo tipo de frases condicionales también nos encontramos con dos cláusulas, siendo una de ellas la condición y, la otra, el resultado o consecuencia. Utilizamos este tipo de frases para expresar situaciones imaginarias, poco probables.

> La cláusula que expresa la condición irá precedida del condicional «if» y el verbo se usará en pasado simple. En el resultado o consecuencia, el verbo irá conjugado en condicional (would + infinitivo).

**If** + sujeto + **pasado simple** + (complementos), sujeto + **would + infinitivo** + (complementos)

---

**If** I <u>had</u> more free time I <u>would study</u> another language
*Si tuviera más tiempo libre estudiaría otro idioma*

She'<u>d work</u> more comfortably **if** she <u>had</u> her own office
*Ella trabajaría más cómodamente si tuviera su propia oficina*

---

Ambas cláusulas pueden ser afirmativas, negativas, o una negativa y otra afirmativa:

**If** they <u>got</u> a better job, they <u>would be</u> happier
*Si consiguieran un trabajo mejor estarían más contentos*

**If** you sister <u>didn't cook</u> for them, nobody <u>would do</u> it
*Si tu hermana no les cocinara, nadie lo haría*

My father <u>wouldn't come</u> the USA **if** he <u>didn't have</u> a visa
*Mi padre no vendría a los EEUU si no tuviera visado*

También se puede usar en preguntas, pero hemos de recordar que el término por el que se pregunta es por la consecuencia, luego será «would» el elemento que invierta el orden con el sujeto en la pregunta:

**What would you do** if
you won the lottery?
*¿Qué harías si
ganaras la lotería?*

He lives far away. If he didn't have a
car, **how would he go** to work?
*Él vive lejos. Si no tuviera auto,
¿cómo iría a trabajar?*

«Would» se puede sustituir por «could» en la consecuencia:

If we didn't have money
we **couldn't** buy it
*Si nosotros no tuviéramos dinero,
no podríamos comprarlo*

Cuando utilicemos el pasado del verbo «to be» en la cláusula de la condición, se suele utilizar la forma «were» para todas las personas.

If I **were** you, I wouldn't do it
*Si yo fuera tú, no lo haría*

# EJERCICIOS

Elige la respuesta correcta:

**a)** If you buy some chocolate, we...........eat it.
will / have to / don't

**f)** If you want to finish soon, ............
you hurry up / hurry up! / will hurry up

**b)** What.......you do if she doesn't phone you?
are / will / do

**g)** If you have some money, you............help them.
can't / do / can

**c)** ........I wash my clothes, it rains
When / Will / Do

**h)** Where........you stay if you don't find a place to sleep?
do / will / -

**d)** If she ......................., we can't do anything
won't come / doesn't come / don't come

**i)** If she came, I..............
tell her the truth
- / will / would

**e)** ..........they go out if it is snowing?
Do / Will / Are

**j)** They ..........thankful if we did them that favor.
are / would be / aren't

# Lección 29

## QUESTION TAGS

## DETERMINANTES

## CONECTORES PARA EXPRESAR CONTRASTE

## QUESTION TAGS

Las **«question tags»** son pequeñas preguntas que se hacen al final de una frase, sin intención real de conocer algo, sino, sencillamente, por mantener la conversación.

Sería el equivalente al **¿verdad?** o **¿cierto?**

Son muy usadas a nivel coloquial, aunque no lo son a nivel formal.

Se realizan de una manera mecánica y se forman haciendo uso del auxiliar que haya en la frase. Si no hay **auxiliar,** se utiliza **«do»**, **«does»** o **«did»**, según corresponda.

El tiempo en que se haga la pregunta ha de coincidir con el de la oración principal.

> Si la oración es afirmativa, se hace la pregunta negativamente y si la oración es negativa, la pregunta será afirmativa.

El sujeto de la pregunta será un pronombre
(que equivale al sujeto de la oración).

She **is** Gladys, **isn't** she?
*Es Gladys, ¿verdad?*

You **have** studied English, **haven't** you?
*Tú has estudiado inglés, ¿verdad?*

Your father **doesn't** smoke, **does** he?
*Tu padre no fuma, ¿verdad?*

They **went** to the stadium, **didn't** they?
*Ellos fueron al estadio, ¿verdad?*

She**'ll** come to the party, **won't** she?
*Ella vendrá a la fiesta, ¿verdad?*

Mike **had** bought a new computer, **hadn't** he?
*Mike había comprado una
computadora nueva, ¿verdad?*

He **can** speak three languages, **can't** he?
*Él sabe hablar tres idiomas, ¿verdad?*

They **aren't** wearing jeans, **are** they?
*Ellos no llevan jeans, ¿verdad?*

We **didn't** phone you, **did** we?
*No te llamamos, ¿verdad?*

It **has** rained, **hasn't** it?
*Ha llovido, ¿verdad?*

Para responder a estas preguntas se utiliza el mismo auxiliar:

They **are** hungry, **aren't** they? Yes, they **are**

You **were** playing tennis, **weren't** you? Yes, I **was**

He **ate** the cake, **didn't** he? No, he **didn't**

| | |
|---|---|
| Si la frase es impersonal: | **There isn't** much milk, **is there**? Yes, **there is**  |

Hay casos en los que la question tag nos sirve para chequear alguna información. Si es así, la entonación que usaremos en la pregunta será ascendente:

Candy is American, isn't she?

*Candy es americana, ¿verdad?*

En caso de ser un continuador de la conversación, sin ánimo de ser pregunta real, la entonación es descendente:

It has been snowing, hasn't it?

*Ha estado nevando, ¿verdad?*
*(lo sé porque todo está blanco)*

# DETERMINANTES

Los determinantes que vamos a tratar son adjetivos (porque acompañan a sustantivos) o pronombres, que nos darán información sobre los nombres a los que acompañan o sustituyen.

## - Another / other: otro / otros

Ambos acompañan a un sustantivo. «Another» es la forma singular de «other».

**another** book   *otro libro*

**other** books   *otros libros*

Give me **another** book
*Dame otro libro*

The **other** books are really interesting
*Los otros libros son realmente interesantes*

## - Another / others: otro / otros

En este caso, «another» y «others» son pronombres (sustituyen al nombre).

I don't like this shirt.
I'll take **another**
*No me gusta esta camisa.*
*Me llevaré otra (camisa)*

This exercise is difficult but the **others** are easy
*Este ejercicio es difícil pero los otros (ejercicios) son fáciles*

- *All, many, some, few, any* y *none* pueden acompañar a grupos de personas o cosas:

| **All** | todos | | | the films |
| **Many** | muchos | | | us |
| **Some** | algunos | of | | you |
| **Few** | pocos | | | them |
| **Any** | cualquiera | | | |
| **None** | ninguno | | | |

**Many of the films** are French
*Muchas de las películas son francesas*

**None of you** are/is suitable for the job
*Ninguno de ustedes es adecuado para el trabajo*

**Many of them** are French
*Muchas de ellas son francesas*

**Few of the apples** were red
*Pocas manzanas eran rojas*

En oraciones afirmativas, *«any»* equivale a «cualquier/a»

**Any of us** can do it     *Cualquiera de nosotros puede hacerlo*

- *Both, either* y *neither* aparecen al hablar de grupos de dos personas o cosas:

| **Both** | ambos, los dos | | | the cars |
| **Either** | uno | of | | the students |
| **Neither** | ninguno | | | us, you, them |

**Both of us** are Spanish
*Ambos somos españoles*

I lost two watches and
I can't find **either of them**
*Perdí dos relojes y no puedo encontrar ninguno (ni uno) de ellos*

**Neither of you** can speak Italian
*Ninguno de ustedes sabe hablar italiano*

«None» y «neither» equivalen al mismo concepto («ninguno»), pero «none» se utilizará con grupos de más de dos elementos y «neither» con grupos de dos.

- «Either» y «neither» también pueden funcionar como conjunciones:

| **Either... or....**: o... o.... | **Neither... nor...**: ni...ni... |
|---|---|
| I did **either** exercise 1 **or** 2, but I don't remember<br>*Hice el ejercicio 1 o el 2, pero no recuerdo* | **Neither** you **nor** your sister did what you had to do<br>*Ni tú ni tu hermana hicieron lo que tenían que hacer* |

**- Several:** varios

Acompaña a sustantivos y es cuantificador indeterminado:

There are **several** books on the shelf
*Hay varios libros en la mesa*

**- Each:** cada (uno)

Acompaña a sustantivos y singulariza:

I have three children. **Each** of them is different from the others
*Tengo tres hijos. Cada uno es diferente a los otros*

The dolls are twenty dollars **each** (one)
*Las muñecas valen veinte dólares cada una*

# CONECTORES PARA EXPRESAR CONTRASTE

Para expresar contraste, podemos utilizar algunas estructuras, como:

**a) but** (pero, sino):

I like vegetables **but** I don't like carrots
*Me gustan los vegetales pero no me gustan las zanahorias*

**b) however** (sin embargo), **nevertheless** (no obstante):

She didn't study, **however** she passed the exam
*Ella no estudió, sin embargo aprobó el examen*

She passed the exam. **Nevertheless**, she knows nothing
*Ella aprobó el examen. No obstante, no sabe nada*

**c) although, though, even though** (aunque). Las tres formas son sinónimas, aunque «even though» es algo más enfática:

**Although** it was raining, we went to the park
*Aunque estaba lloviendo, fuimos al parque*

They bought a book, **though** they don't like reading
*Compraron un libro aunque no les gusta leer*

My mother drives her car, **even though** she is afraid of driving
*Mi madre maneja su auto, aunque le da miedo manejar*

A veces, **though** puede ir colocado al final de la frase:

I ate the hamburger. I don't like meat, **though**
*Comí la hamburguesa aunque no me gusta la carne*

**d) in spite of, despite** (a pesar de):

We arrived early **in spite of** the traffic
*Llegamos temprano, a pesar del tráfico*

**Despite** the traffic we arrived early
*A pesar del tráfico llegamos temprano*

# EJERCICIOS

Elige la respuesta correcta:

**a)** He has a new computer, .....................?

**b)** They won't win the lottery,..........................?

**c)** You've met my mother,................................?

**d)** My sister is not tall, .........................?

**e)** We shouldn't eat all that, ...........................?

**f)** John was washing his car this morning, ....................?

**g)** You don't smoke,..........................?

**h)** Mark and Steve went to the supermarket, ..............................?

**i)** I've got two books. ................. are interesting.
Both of them / None of them / Some of them

**j)** In this class, .....................are tall
neither of the students / all of the students / either of the students

## Lección 30

### INTRODUCCIÓN AL ESTILO INDIRECTO

## INTRODUCCIÓN AL ESTILO INDIRECTO

El estilo indirecto es aquel que utilizamos cuando reproducimos las palabras que nosotros u otras personas dijimos en un pasado.

Para ello usaremos los verbos «say», «tell» y «ask» y podemos colocar «that» para introducir las palabras que se reproducen.

Susan: «I'm cold»
*Susan: Tengo frío*

**Susan said that she was cold**
*Susan dijo que tenía frío*

Al preceder a un sujeto, «that» se puede omitir, como ya aprendimos en el capítulo 26.

Los verbos **«say»** y **«tell»** equivalen a «decir».
La diferencia está en que «say» se utiliza cuando
no aparece el oyente y «tell» cuando sí aparece:

She **said** (that) she would do it  *Ella dijo que lo haría*

She **told** <u>me</u> (that) she would do it  *Ella me dijo que lo haría*

Al reproducir en este momento palabras que alguien
dijo en un pasado, se producen algunos cambios en la frase:
los sujetos varían, los tiempos verbales se expresan en
un tiempo anterior, los adverbios también cambian…

Vamos a tratar las variaciones que se producen en los tiempos verbales.

En estilo indirecto los verbos han de utilizarse en un tiempo
anterior al que fueron expresados. Así:

| Lo que se dijo en: | pasa a decirse en: |
|---|---|
| presente simple | pasado simple |
| presente continuo | pasado continuo |
| pretérito perfecto | pretérito pluscuamperfecto |
| pretérito perfecto continuo | pretérito pluscuamperfecto continuo |
| pasado simple | pretérito pluscuamperfecto |
| pasado continuo | pretérito pluscuamperfecto continuo |
| pretérito pluscuamperfecto | pretérito pluscuamperfecto |
| futuro (will) | condicional (would) |

Peter: ( **I** ) usually ( **get up** ) at six

Peter said that ( **he** ) usually ( **got up** ) at six

---

George: «Kelvin **is studying** hard»
*George: «Kelvin está estudiando mucho»*
George said that Kelvin **was studying** hard
*George dijo que Kelvin estaba estudiando mucho*

---

Sally: «We **are learning** a lot»
*Sally:»Estamos aprendiendo mucho»*
Sally said that they **were learning** a lot
*Sally dijo que ellos estaban aprendiendo mucho*

---

Mary: «My mother **has been** ill»
*Mary: «Mi madre ha estado enferma»*
Mary said that her mother **had been** ill
*Mary dijo que su madre había estado enferma*

---

Susan: «I **made** a cake»
*Susan: «Hice un pastel»*
Susan said that she **had made** a cake
*Susan dijo que había hecho un pastel*

---

Michael: «You **had been** late for work»
*Michael. «Tú habías llegado tarde a trabajar»*
Michael told me I **had been** late for work
*Michael dijo que yo había llegado tarde a trabajar*

---

John: «We **will win** the match»
*John: «Ganaremos el partido»*
John told us they **would win** the match
*John dijo que ellos ganarían el partido*

Como hemos visto en los ejemplos anteriores, no sólo es el verbo
el que cambia, sino también los sujetos y los posesivos.
Hemos de estar atentos para saber cuál hemos de usar en cada caso.

Otros elementos que cambian son la referencia temporal:

| today | | that day *(ese día)* |
|---|---|---|
| yesterday | | the day before *(el día anterior)* |
| tomorrow | | the following / next day *(el día siguiente)* |
| tonight | pasa | that night *(aquella noche)* |
| next week | a ser | the following week *(la semana siguiente)* |
| last week | | the week before *(la semana anterior)* |
| now | | then *(entonces)* |
| ago | | before *(antes)* |

La referencia especial:

| here | pasa | there |
|---|---|---|
| this | a ser | that |
| these | | those |

Los pronombres objeto, al igual que los pronombres sujeto, también varían:

Tim: «I'll give you my old bike»
*Tim: «Te daré mi bicicleta vieja»*
Tim said he would give me his old bike
*Tim dijo que me daría su bicicleta vieja*

Molly: «Yesterday I bought a ring in this shop»
*Molly: «Ayer compré un anillo en esta tienda»*
Molly said she had bought a ring in that shop the day before
*Molly dijo que había comprado un anillo en aquella tienda el día anterior*

Sam: «My parents are coming here next week»
*Sam: «Mis padres vienen aquí la semana próxima»*
Sam told me that his parents were going there the following week
*Sam me dijo que sus padres iban allí la semana siguiente*

Además de reproducir oraciones afirmativas o negativas, también se pueden utilizar preguntas.

En este caso, el verbo que usaremos sera «ask» (preguntar).

Si la pregunta comienza por cualquier auxiliar, haremos uso de **«if»o «whether»** (si):

Robert: «Can you do me a favor?»
*Robert: «¿Puedes hacerme un favor?»*
Robert asked me **if** I could do him a favor
*Robert me preguntó si podía hacerle un favor*

Steve: «Do you live in Florida?»
*Steve:»¿Vives en Florida?»*
Steve asked me **whether** I lived in Florida
*Steve me preguntó si vivía en Florida*

Si la pregunta comienza por un pronombre interrogativo, éste se repite en la respuesta:

Pamela: «**What time** is it?»
*Pamela: «¿Qué hora es?*
Pamela asked **what time** it was
*Pamela preguntó qué hora era*

Leo: «**How** are you?»
*Leo: «¿Cómo estás?»*
Leo asked me **how** I was
*Leo me preguntó que cómo estaba*

Frank: «**Where** did you study?»
*Frank: «¿Dónde estudiaste?»*
Frank asked me **where** I had studied
*Frank me preguntó que dónde había estudiado*

Hemos de tener en cuenta que en estilo indirecto no se realizan preguntas, por lo que no hay inversión de sujeto y auxiliar, ni se usa el signo de interrogación.

Además del verbo «ask», también se pueden utilizar otras estructuras, como:

Pamela **wanted to know** what time it was
*Pamela quería saber qué hora era*

Las órdenes y peticiones también se pueden reproducir en estilo indirecto. Para ello hacemos uso de los verbos «tell» y «ask» (además de «preguntar», también significa «pedir»).

El infinitivo que forma el imperativo pasa a ser infinitivo con «to».

Your father: «**Sit down**, please!»
*Tu padre: «Siéntate, por favor!»*
Your father told me **to sit down**
*Tu padre me dijo que me sentara*

The doctor: «**Stop** smoking!»
*El medico: «¡Deje de fumar!*
The doctor told me **to stop** smoking
*El médico me pidió que dejara de fumar*

Si el imperativo es negativo, se coloca «not» delante de «to»:

Sarah: «**Don't open** this box»
*Sarah: «No abras esa caja»*
Sarah asked me **not to open** that box
*Sarah me pidió que no abriera esa caja*

# EJERCICIOS

Elige la respuesta correcta:

---

**a)** Sally: «I'm hot today»

Sally said she is hot today
Sally said she was hot that day
Sally said I was hot that day

---

**b)** George: «My wife will get up at seven tomorrow»

George said my wife would get up at seven the following day
George said his wife will get up at seven the following day
George said his wife would get up at seven the following day

---

**c)** Peter: «Did you go to the movies yesterday?»

Peter asked if I has gone to the movies yesterday
Peter asked if I had gone to the movies the day before
Peter said if I has gone to the movies the day before

---

**d)** Mark: «Have you ever seen an elephant?»

Mark asked if I had ever seen an elephant
Mark asked if he hade ever seen an elephant
Mark asked if he has ever seen an elephant

---

**e)** Linda: «They wouldn't buy this dictionary»

Linda said they wouldn't bought that dictionary
Linda said they will not buy this dictionary
Linda said they wouldn't buy that dictionary

**f)** Michael: «How old are you?»

Michael asked how old are we
Michael asked how old we were
Michael asked if how old we are

**g)** Angela: «My aunt was very ill»

Angela said his aunt had been very ill
Angela said her aunt had been very ill
Angela didn't say anything

**h)** Frank: «Can I help you?»

Frank asked if he could help us
Frank asked if I could help you
Frank asked if he can help us

**i)** Leo: «I will tell you one day»

Leo said he would tell me one day
Leo said I will tell him one day
Leo said he would told me one day

**j)** Mario: «Your mother needs some milk»

Mario said his mother needed some milk
Mario said my mother needs some milk
Mario said my mother needed some milk

*Lección 31*

INTRODUCCIÓN
A LA VOZ PASIVA

## INTRODUCCIÓN A LA VOZ PASIVA

La voz pasiva se utiliza cuando nuestra atención va dirigida a la persona o cosa que recibe la acción del verbo, es decir, al objeto, en lugar de centrarla en el sujeto, como ocurre en la voz activa. Por ello, convertimos el objeto en sujeto de la oración. Esta transformación también implica cambio en el verbo.

| | |
|---|---|
| Voz activa | <u>He</u>  built this house last year |
| | *Él construyó esta casa el año pasado* |
| Voz pasiva | <u>This house</u> was built last year |
| | *Esta casa fue construida el año pasado* |

En el primer caso nuestro interés se dirige hacia quién construyó la casa y, en el segundo, hacia la casa.

Si en este segundo caso queremos citar quién llevó a cabo la acción, se utiliza «by»:

This house was built **by** a famous architect
*Esta casa fue construida por un arquitecto famoso*

Hay veces en que se usa la voz pasiva porque ,o es obvio quién llevó a cabo la acción, o se desconoce quién lo hizo:

My car **has been stolen**
*Me han robado el coche*

El verbo en la voz pasiva <u>siempre</u> estará formado por el verbo «to be» y el participio del verbo principal:

Sujeto + <u>**to be +**</u> <u>**participio**</u> + complementos

El verbo «to be» es el que marcará el tiempo. Así, podrá ir en presente, pasado, pretérito perfecto, etc, según sea el tiempo en que queramos expresar la acción.

De esta manera:

| | | |
|---|---|---|
| - en presente simple: | Voz activa: | I <u>send</u> a letter everyday<br>*Yo envío una carta todos los días* |
| | Voz pasiva: | A letter **is sent** everyday<br>*Una carta es enviada todos los días* |
| - en presente contínuo: | Voz activa: | I <u>am sending</u> a letter now<br>*Yo estoy enviando una carta ahora* |
| | Voz pasiva: | A letter **is being sent** now<br>*Una carta está siendo enviada ahora* |
| - en pasado simple: | Voz activa: | I <u>sent</u> a letter yesterday<br>*Yo envié una carta ayer* |
| | Voz pasiva: | A letter **was sent** yesterday<br>*Una carta fue enviada ayer* |

| | | |
|---|---|---|
| -en pasado continuo: | Voz activa: | I <u>was sending</u> a letter when you arrived<br>*Yo estaba enviando una carta cuando llegaste* |
| | Voz pasiva: | A letter **was being sent** when you arrived<br>*Una carta estaba siendo enviada cuando llegaste* |
| - en pretérito perfecto: | Voz activa: | I <u>have sent</u> a letter in the morning<br>*He enviado una carta por la mañana* |
| | Voz pasiva: | A letter **has been sent** in the morning<br>*Una carta ha sido enviada por la mañana* |
| - en pretérito pluscuamperfecto: | Voz activa: | I <u>had sent</u> a letter before<br>*Yo había enviado una carta antes* |
| | Voz pasiva: | A letter **had been sent** before<br>*Una carta había sido enviada antes* |
| - en futuro simple: | Voz activa: | I <u>will send</u> a letter tomorrow<br>*Yo enviaré una carta mañana* |
| | Voz pasiva: | A letter **will be sent** tomorrow<br>*Una carta será enviada mañana* |
| - en condicional: | Voz activa: | I <u>would send</u> a letter<br>*Yo enviaría una carta* |
| | Voz pasiva: | A letter **would be sent**<br>*Una carta sería enviada* |

Como vemos en estos ejemplos, para transformar una oración activa en pasiva, colocamos el objeto como sujeto, conjugamos el verbo «to be» en el tiempo (y la persona) correspondiente, añadimos el participio del verbo principal y los complementos que existan.
Si queremos añadir quién realiza la acción, usaremos «by» y dicha persona.

Voz activa: Shakespeare wrote «Hamlet»

Voz pasiva: «Hamlet» was written by Shakespeare

Para formar directamente una oración en voz pasiva, lo más importante es considerar el tiempo en que se realiza la acción, que será el tiempo en que se exprese el verbo «to be».

This box **will be kept** in the drawer
*Esta caja será guardada en el armario*

The apartment **is cleaned** everyday
*El apartamento se limpia
todos los días*

That bridge **was built**
by the Romans
*Ese puente fue construido
por los romanos*

Para oraciones negativas e interrogativas, se siguen las mismas reglas que en la voz activa:

The test **isn't corrected**
*El examen no está corregido*

The exercises **haven't been done**
*Los ejercicios no han sido hechos*

**Is** that animal **fed** properly?
*¿Es alimentado ese
animal adecuadamente?*

**Was** «Hamlet» **written**
by Shakespeare?
*¿Fue «Hamlet» escrito por Shakespeare?*

La voz pasiva es más frecuente en inglés que en español, donde existen algunas estructuras no pasivas, que equivalen a pasivas en inglés. Tal es el caso del «se» impersonal:

That house **was sold**
for a lot of money
*Esa casa se vendió (fue vendida) por mucho dinero*

English **is spoken** in the USA
*En EEUU se habla inglés (es hablado)*

The milk **has been kept** in the fridge
*La leche se ha guardado (ha sido guardada) en el refrigerador*

Hemos de saber también que el verbo «nacer» se expresa en voz pasiva en inglés:

Where **were** you **born**?
I **was born** in Mexico

*¿Dónde naciste?*
*Yo nací en México*

# EJERCICIOS

Elige la respuesta correcta: voz pasiva

**a)** They sell cars in that shop
Cars is sold in that shop
Cars are sold in that shop
Cars will be sold in that shop

**f)** The teacher hadn't corrected that exercise
That exercise wasn't corrected by the teacher
That exercises isn't corrected by the teacher
That exercise hadn't been corrected by the teacher

**b)** They made this product in China
This product is made in China
This product were made in China
This product was made in China

**g)** She'll send a message
A message would be sent by her
A message will be sent by her
A message wasn't sent by her

**c)** Someone has stolen the picture from the museum
The picture have been stolen from the museum
The picture has been stolen from the museum
The picture has stolen from the museum

**h)** My mother kept everything in a box
Everything was kept in a box (by my mother)
Everything were kept in a box (by my mother)
Everything had been kept in a box (by my mother)

**d)** They will grow rice in these fields
Rice will grow in these fields
Rice will grew in these fields
Rice will be grown in these fields

**i)** Have you written that book?
Has this book written by you?
Has this book being written by you?
Has this book been written by you?

**e)** They built that bridge in the XIIth century
That bridge was built in the XIIth century
That bridge has been built in the XIIth century
That bridge wasn't built in the XIIth century

**j)** They are cleaning this apartment
This apartment was cleaned
This apartment is being cleaned
This apartment is cleaned

Lección 32

USO DE «I WISH»

USOS DE «HOW»

## USO DE «I WISH»

Esta estructura se utiliza cuando queremos expresar el deseo de que alguna situación fuera distinta a la que es. Es el equivalente a *«ojalá»*.

La forma básica es:

**I wish + sujeto + verbo + complementos**

I wish you studied harder
*Ojalá estudiaras más*

**a)** Si deseamos que una situación presente fuera otra, usamos el verbo en pasado:

I wish you **were** here
*Ojalá estuvieras aquí (pero no estás)*

I wish I **could** play the piano
*Ojalá supiera tocar el piano (pero no sé)*

| | |
|---|---|
| Si el verbo es «to be», podemos usar «were» para todas las personas: | El sujeto de «wish» también puede ser «he» o «she», por lo que usamos «wishes»: |
| I wish I **were** rich *Ojalá fuera rico (pero no lo soy)* | **He** wishes he were a doctor *Él desearía ser médico (pero no lo es)* |

**b)** Si deseamos que una situación pasada hubiera sido otra, usamos el verbo en pretérito pluscuamperfecto (had+participio):

I wish you **had arrived** before
*Ojalá hubieras llegado antes
(pero no llegaste)*

I wish they **had won** the contest
*Ojalá hubieran ganado el concurso
(pero no ganaron)*

**c)** Si deseamos que una acción cambie en el futuro, usamos el verbo en forma condicional (would+infinitivo):

| | |
|---|---|
| I wish you **would stop** smoking *Ojalá dejes de fumar* | I wish they **would learn** quickly *Ojalá aprendan rápido* |

# USO DE «HOW»

Como pronombre interrogativo, **«how»** suele equivaler a *«cómo»*:

How are you?    *¿Cómo estás?*

Pero también puede formar parte de otras estructuras, que, por su importancia y frecuencia de uso, vamos a destacar:

**How about...?** *¿Qué te parece si...?¿Qué tal si...?*
How about going by car?
*¿Qué te parece si vamos en auto?*

**How often?** *¿Con qué frecuencia?*
How often do you play chess?
*¿Con qué frecuencia juegas al ajedrez?*

**How old?** *¿Qué edad?*
How old is your father?
*¿Qué edad tiene tu padre?*

**How far?** *¿A qué distancia?*
How far is the gym?
*¿A qué distancia está el gimnasio?*

**How much?** *¿Cuánto?*
How much flour do you need?
*¿Cuánta harina necesitas?*
How much is the book?
*¿Cuánto vale el libro?*

**How many?** *¿Cuántos?*
How many cars are there on the street?
*¿Cuántos autos hay en la calle?*

**How long?** *¿Cuánto tiempo?*
How long have you been studying English?
*¿Cuánto tiempo has estado estudiando inglés?*

«How» también se puede usar con adjetivos, normalmente para expresar sorpresa:

**How big!**   *¡Qué grande!*

**How interesting!**   *¡Qué interesante!*

# EJERCICIOS

Elige la respuesta correcta:

**a)** She doesn't have a job.
I wish she .......... one soon
finds / found / had found

**f)** It's a nice day. How ............
going for a walk?
far / long / about

**b)** I failed my test.
I wish I ........................it
would pass / had passed / passed

**g)** How ................ do you
go to the bank?
about / often / old

**c)** It's raining. I wish it
.........................
will stop raining / stopped raining /
had stopped raining

**h)** How ................
is the computer?
much / long / many

**d)** My mother can't speak English.
I wish she ....................it
had spoken / could speak / speaks

**i)** How ..................
is your sister?
often / old / many

**e)** He smokes a lot. I wish he
.......................
had stopped smoking / would stop
smoking / stops smoking

**j)** How ....................
is the flower shop?
long / far / about

# Lección 33

## LOS VERBOS «DO» Y «MAKE»

## LOS VERBOS «DO» Y «MAKE»

Los verbos **«to do»** y **«to make»** equivalen a *«hacer»*, pero sus usos son diferentes. Hay veces en que se duda si utilizar uno u otro, cuestión que intentaremos clarificar con los siguientes apuntes.

### To do:

**a)** Es el término genérico para «hacer» y lo usamos cuando no mencionamos la actividad:

What are you doing?
*¿Qué estás haciendo?*

I don't know what to do
*No sé qué hacer*

**b)** También con acciones, trabajos, tareas:

| | |
|---|---|
| do the housework: | *hacer las tareas de casa* |
| do the ironing: | *planchar la ropa* |
| do the washing: | *lavar la ropa* |
| do the washing up: | *lavar los platos* |
| do the cleaning: | *limpiar la casa* |
| do the homework: | *hacer los deberes* |

I do the ironing twice a week
*Plancho ropa dos veces a la semana*

The children usually do their
homework in the afternoon
*Los niños normalmente hacen sus
deberes por la tarde*

**c)** Expresiones que utilizan «do»:

| | |
|---|---|
| do a favor: | *hacer un favor* |
| do exercise: | *hacer ejercicio* |
| do a sum: | *realizar una suma* |
| do a course: | *hacer un curso* |
| do business: | *hacer negocio* |
| do your best: | *hacer todo lo que puedas* |

Please, John, can you do me a favor?
*Por favor, John, ¿puedes
hacerme un favor?*

She's doing a course in the morning
*Ella está haciendo un
curso por la mañana*

## To make:

**a)** Se usa con el sentido de crear, fabricar, elaborar o construir:

My mother made a delicious chocolate cake
*Mi madre hizo un pastel de chocolate delicioso*
These cars were made in Japan
*Estos coches se fabricaron en Japón*

**b)** Se usa en una serie de expresiones:

| | |
|---|---|
| make a mistake: | *cometer un error* |
| make plans: | *hacer planes* |
| make an appointment: | *concertar una cita* |
| make your bed: | *hacer tu cama* |
| make a complaint: | *realizar una queja/reclamación* |
| make a decision: | *tomar una decisión* |
| make an excuse: | *poner una excusa* |
| make a suggestion: | *hacer una sugerencia* |
| make an enquiry: | *hacer una consulta* |
| make an exception: | *hacer una excepción* |
| make a telephone call: | *hacer una llamada telefónica* |
| make an effort: | *hacer un esfuerzo* |
| make a journey: | *hacer un viaje* |
| make a discovery: | *hacer un descubrimiento* |
| make a noise: | *hacer ruido* |
| make breakfast/lunch/dinner: | *hacer el desayuno, el almuerzo, la cena* |
| make a cup of coffee: | *hacer un café* |
| make a meal: | *hacer una comida* |
| make a fortune: | *hacer una fortuna* |
| make money: | *hacer dinero* |

They made a lot of mistakes in the exam
*Cometieron muchos errores en el examen*

Can I make a suggestion?
*¿Puedo hacer una sugerencia?*

If you don't agree, you can make a complaint
*Si no estás de acuerdo, puedes realizar una reclamación*

# EJERCICIOS

Completa las frases con «do» o «make»:

a) I'd like to ............. a suggestion

f) You need to ............. an effort to pass the test

b) They have to ............. the housework

g) I didn't ................. a mistake in the exercise

c) Have you already ............. your bed?

h) Can you ................. me a favor?

d) What are you going to ............... for lunch?

i) The clothes are very dirty. We have to .............. the washing

e) I'm interested in ............. business with him

j) If you want to lose weight you should ................. more exercise

*Lección 34*

VERBOS CON
PARTÍCULA

## VERBOS CON PARTÍCULA

En inglés hay muchos verbos que están formados por varias palabras: la primera es un verbo en sí (que llamaremos verbo base) y la segunda puede ser un adverbio o una preposición (que llamaremos partícula).

Comúnmente se conocen como verbos frasales, pero vamos a ver que esta denominación no es del todo correcta. Nosotros los llamaremos verbos con partícula.

**get up**
*levantarse*

**fill in/out**
*rellenar*

Aunque conozcamos el significado del verbo base, hemos de tener en cuenta que la partícula puede cambiarlo y, en múltiples ocasiones, no tener ninguna relación con el mismo:

Come (*venir*) + across (*a través*) =
come across (*encontrarse casualmente*)

El significado completo lo tiene el verbo con la partícula, y no por separado.

Dependiendo de si la partícula es un adverbio o una preposición, los verbos con partícula son:

<u>verbos frasales (verbo base+ adverbio)</u> — sin objeto (tipo 1)

— con objeto (tipo 2)

<u>verbos preposicionales (verbo base + preposición)</u> —— (tipo 3)

**Tipo 1)** Está formado por un verbo base y un adverbio. No precisa de ningún objeto:

The children **came in** and **sat down**. *Los niños entraron y se sentaron*

I **get up** at seven everyday *Me levanto a las siete todos los días*

The car **broke down** *El auto se averió*

| A este tipo pertenecen también, entre otros, los verbos: | | |
|---|---|---|
| | **give in** | *rendirse* |
| | **shut up** | *callarse* |
| | **go out** | *salir* |
| | **come in** | *entrar* |
| | **stand up** | *pararse, ponerse en pie* |

**Tipo 2)** Está formado por un verbo base y un adverbio, pero se precisa de un objeto para dar significado al verbo:

They **turned on** <u>the radio</u>
*Ellos prendieron la radio*

She is **bringing up** <u>her children</u>
*Ella está educando a sus hijos*

I will **put up** <u>my sister</u> for a week
*Daré alojamiento a mi hermana durante una semana*

En estos casos, el objeto puede ser un un nombre o un pronombre:

- <u>si es un nombre (con determinante)</u>, el objeto se puede colocar después del adverbio o entre el verbo base y el adverbio:

I **turned off** <u>the light</u> o
I **turned** <u>the light</u> **off**
*Yo apagué la luz*

He **has thrown away** <u>his old wallet</u> o
He **has thrown** <u>his old wallet</u> **away**
*Él ha tirado su billetera vieja*

- <u>si es un pronombre</u>, éste ha de colocarse, obligatoriamente, entre el verbo base y el adverbio:

I **turned** <u>if</u> **off**              He **has thrown** <u>it</u> **away**
*Yo la apagué*                   *El la ha tirado*

Pertenecen a este tipo verbos como:

| | | | |
|---|---|---|---|
| **turn up/down** | *subir/bajar (volumen)* | **carry on** | *seguir* |
| **put on** | *ponerse/ (ropa)* | **carry out** | *llevar a cabo* |
| **find out** | *descubrir* | **give up** | *dejar de* |
| **come up** | *aparecer* | **look up** | *buscar (en un libro)* |
| **make out** | *comprender* | **make up** | *maquillar* |
| **take off** | *quitarse (ropa)* | | |

**Tipo 3)** Los verbos preposicionales están formados por un verbo y una preposición. Siempre precisan de un objeto.

My mother **is looking after** <u>my children</u>
*Mi madre está cuidando a mis hijos*

He **was looking for** <u>his diary</u>
*Él estuvo buscando su agenda*

I **came across** <u>your parents</u> in the street
*Me encontré (casualmente) a tus padres en la calle*

En estos caso, el objeto puede ser un determinante + nombre (como en los ejemplos anteriores) o un pronombre, pero siempre seguirá a la preposición.

My mother **is looking after** <u>them</u>   NO   My mother is looking them after

He **was looking for** <u>it</u>   NO   He was looking it for

I **came across** <u>them</u> in the street   NO   I came them across in the street

| Verbos que también pertenecen a este tipo: | **look at** | *mirar* |
| | **break into** | *entrar (a la fuerza)* |
| | **do without** | *arreglárselas sin algo* |
| | **get over** | *recuperarse* |

Hay otros verbos, que podríamos denominar del tipo 4, que son verbos frasales preposicionales, es decir, están compuestos por un verbo base, un adverbio y una preposición.

| Su colocación es siempre <u>verbo base + adverbio + preposición:</u> | **look down on** | *despreciar* |
| | **run out of** | *quedarse sin* |
| | **get on with** | *llevarse con (tipo de relación)* |

Estos verbos siempre necesitarán un objeto, que irá colocado detrás de la preposición.

He **looks down on** <u>everybody</u>
*Él desprecia a todos*

We have **run out of** <u>sugar</u>
*Nos hemos quedado sin azúcar*

How do you **get on with** <u>your neighbors</u>?
*¿Cómo te llevas con tus vecinos?*

Si el objeto es un pronombre, ocupará idéntica posición:

He **looks down on** <u>us</u>
*Él nos desprecia*

We **have run out of** <u>it</u>
*Nos hemos quedado sin nada (de azúcar)*

How do you **get on with** <u>them</u>?
*¿Cómo te llevas con ellos?*

# EJERCICIOS

Coloca el adverbio o la preposición que haga falta en cada caso

**a)** I turned ........ the radio and listened to music.

**f)** There's a word I have to look ....... in my dictionary.

**b)** Come .... and sit ........ We'll have a cup of coffee.

**g)** I was tidying the room and came ......... these old photos.

**c)** Take...... that shirt. It's dirty.

**h)** How can you do ......... money?

**d)** I am looking ........ my watch. I've lost it.

**i)** How do you get ..... ....... your boss?

**e)** My mother looks.......... my children when I'm away.

**j)** They have run ...... ........ bread.

# FUNCIONES DEL LENGUAJE

Usos particulares de algunas estructuras, fundamentalmente con verbos modales, según su función:
Para:

## a) Expresar habilidad: **can, could**

I **can** play the piano but my sister can't
*Sé tocar el piano, pero mi hermana no*

**Could** they speak English?
*¿Sabían hablar inglés?*

## b) Dar y pedir permiso: **may, can**

**May** I come in? (formal)   *¿Puedo entrar?*
**Can** I come in? (informal)   *¿Puedo entrar?*
You **can** smoke here   *Puedes fumar aquí*

También se puede usar **«be allowed to»** (permitirle a uno), tanto en preguntas como en oraciones afirmativas o negativas:

**Am** I **allowed to** participate?
*¿Puedo participar? ¿Se me permite participar?*

They **aren't allowed to** play here
*No se les permite jugar aquí*

## c) Hacer peticiones: **will, can, would, could**

**Will** you close the window, please?
*¿Puedes cerrar la ventana, por favor?*

**Can** you tell me the time, please?
*¿Puede decirme la hora, por favor?*

**Would** you do it for me?
*¿Lo harías por mí?*

**Could** I use your phone? (formal)
*¿Podría usar su teléfono?*

**d)** Expresar ofrecimientos: **shall** (con «I/we»), **can, could**

**Shall** I help you? (formal)  *¿Puedo ayudarle?*
**Can** I help you? (informal)  *¿Puedo ayudarte?*
**Could** I drive you home? (formal)  *¿Le puedo llevar (en coche) a casa?*

**e)** Expresar obligación: **must, have to**

| | |
|---|---|
| «**Must**» cuando haya «autoridad moral» por parte del hablante: | «**Have to**» cuando no exista tal «autoridad»: |
| You **must** do what I say *Tienes que hacer lo que te digo* (el padre al hijo) | We **have to** study *Tenemos que estudiar* (un estudiante a otro) |

**f)** Expresar necesidad: **have to**

They **have to** buy a new fridge
*Ellos tienen que (necesitan) comprar un refrigerador nuevo*

I **don't have to** be there before nine
*No necesito estar allí antes de las nueve (no tengo que hacerlo)*

El uso de «don't have to» implica también falta de obligación.

**g)** Expresar prohibición: **musn't, can't**

You **mustn't** speak during the exam  *No pueden hablar durante el examen*
You **mustn't** smoke here  *No puede fumar aquí*
You **can't** do what you want  *No puedes hacer lo que quieras*

**h)** Pedir y dar consejo: **should**

What **should** I do?  *¿Qué debería hacer?*

**Should** I buy this dictionary or the other one?
*¿Debería comprar este diccionario o el otro?*

What do you think I **should** tell her?
*¿Qué crees que debería decirle?*

En todos estos casos se podría responder:
**I think you should.......** *Creo que deberías.....*

**I think you should** buy this dictionary
*Creo que deberías comprar este diccionario*

**I think you should** tell her the truth
*Creo que deberías decirle la verdad*

**i)** Hacer sugerencias: **how about, shall we, why don't we, could, let's**
Todas ellas son estructuras sinónimas, pero algunas se usan
en preguntas y otras en oraciones enunciativas:

**How about** going to the cinema?   *¿Qué tal si vamos al cine?*

**Shall we** go for a walk after dinner?
*¿Vamos a dar un paseo después de la cena?*

**Why don't we** go to England on holidays?
*¿Por qué no vamos a Inglaterra en vacaciones?*

We **could** sell our car   *Podríamos vender nuestro auto*

**Let's** study the list of irregular verbs
*Estudiemos la lista de verbos irregulares*

**j)** Expresar posibilidad: **may, might, could**

It **may** rain tomorrow   *Puede que llueva mañana*

It **might** rain tomorrow *Puede que llueva mañana (posibilidad más remota)*

She **may** get the prize   *Puede que ella consiga el premio*

You **could** be on time if you hurry up   *Podrías llegar a tiempo si te das prisa*

Will she come tonight? She **might**   *¿Vendrá ella esta noche? Puede que sí*

**k)** Expresar certeza: **must, can't**

| | |
|---|---|
| (The phone is ringing) | (The phone is ringing) |
| It **must** be John | It **can't** be John |
| *Tiene que ser John (estoy seguro)* | *No puede ser John (estoy seguro)* |

## l) Expresar acuerdo o desacuerdo: **so, neither**

She will study geography. **So** will I
*Ella estudiará geografía. Yo, también*

They play basketball everyday. **So** do I
*Ellos juegan al baloncesto todos los días. Yo, también*

You don't like cheese. **Neither** does she
*No te gusta el queso. A ella, tampoco*

He can't swim very well. **Neither** can I
*Él no sabe nadar muy bien. Yo, tampoco*

Después de **so** y **neither**, el auxiliar ha de concordar
con el tiempo del verbo de la oración.

# VERBOS IRREGULARES

| INFINITIVO | PASADO | PARTICIPIO | SIGNIFICA |
|---|---|---|---|
| Be | was/were | been | *ser, estar* |
| Beat | beat | beaten | *batir, latir, golpear* |
| Become | became | become | *convertirse en, llegar a ser* |
| Begin | began | begun | *empezar, comenzar* |
| Bite | bit | bitten | *morder, picar* |
| Blow | blew | blown | *soplar* |
| Break | broke | broken | *romper* |
| Bring | brought | brought | *traer* |
| Build | built | built | *construir* |
| Burn | burnt | burnt | *quemar, arder* |
| Buy | bought | bought | *comprar* |
| Can | could | been able to | *poder, saber* |
| Catch | caught | caught | *tomar, atrapar* |
| Choose | chose | chosen | *elegir* |
| Come | came | come | *venir* |
| Cost | cost | cost | *costar* |
| Cut | cut | cut | *cortar* |
| Do | did | done | *hacer* |
| Draw | drew | drawn | *dibujar, trazar* |
| Dream | dreamt | dreamt | *soñar* |
| Drink | drank | drunk | *beber* |
| Drive | drove | driven | *manejar, conducir* |
| Eat | ate | eaten | *comer* |
| Fall | fell | fallen | *caer(se)* |

| INFINITIVO | PASADO | PARTICIPIO | SIGNIFICA |
|---|---|---|---|
| Feel | felt | felt | *sentir* |
| Fight | fought | fought | *luchar, pelear* |
| Find | found | found | *encontrar* |
| Fly | flew | flown | *volar* |
| Forget | forgot | forgotten | *olvidar* |
| Get | got | got/gotten | *obtener, conseguir* |
| Give | gave | given | *dar* |
| Go | went | gone | *ir* |
| Grow | grew | grown | *crecer, cultivar* |
| Have | had | had | *tener, haber* |
| Hear | heard | heard | *oír* |
| Hide | hid | hidden | *esconder, ocultar* |
| Hit | hit | hit | *pegar, golpear* |
| Hurt | hurt | hurt | *doler, herir* |
| Keep | kept | kept | *guardar, conservar* |
| Know | knew | known | *saber, conocer* |
| Learn | learnt | learnt | *aprender* |
| Leave | left | left | *dejar, abandonar, marchar* |
| Lend | lent | lent | *dejar, prestar* |
| Let | let | let | *dejar, permitir* |
| Lie | lay | lain | *tumbarse* |
| Lose | lost | lost | *perder* |
| Make | made | made | *hacer, fabricar, elaborar* |
| Mean | meant | meant | *significar, querer decir* |
| Meet | met | met | *encontrarse, conocer* |
| Must | had to | had to | *deber, tener que* |
| Pay | paid | paid | *pagar* |
| Put | put | put | *poner* |
| Read | read | read | *leer* |

| INFINITIVO | PASADO | PARTICIPIO | SIGNIFICA |
|---|---|---|---|
| Ride | rode | ridden | montar (en bicicleta, a caballo) |
| Ring | rang | rung | sonar, llamar |
| Run | ran | run | correr |
| Say | said | said | decir |
| See | saw | seen | ver |
| Sell | sold | sold | vender |
| Send | sent | sent | enviar |
| Shake | shook | shaken | agitar |
| Show | showed | shown | mostrar |
| Sing | sang | sung | cantar |
| Sit | sat | sat | sentarse |
| Sleep | slept | slept | dormir |
| Smell | smelt | smelt | oler |
| Speak | spoke | spoken | hablar |
| Spell | spelt | spelt | deletrear |
| Spend | spent | spent | pasar (tiempo), gastar (dinero) |
| Stand | stood | stood | ponerse en pie |
| Steal | stole | stolen | robar |
| Swim | swam | swum | nadar |
| Take | took | taken | tomar, coger, llevar |
| Teach | taught | taught | enseñar |
| Tell | told | told | decir, contar |
| Think | thought | thought | pensar |
| Throw | threw | thrown | lanzar, arrojar |
| Understand | understood | understood | comprender, entender |
| Wake | woke | woken | despertar(se) |
| Wear | wore | worn | llevar puesto |
| Win | won | won | ganar |
| Write | wrote | written | escribir |

# VOCABULARIO

## En la ciudad

| | |
|---|---|
| Hotel | hotel |
| Bus stop | parada del autobús |
| Bus station | estación de autobuses |
| Bank | banco |
| Shop | tienda |
| Supermarket | supermercado |
| Pharmacy | farmacia |
| Car dealer | concesionario de autos |
| Subway | metro |
| Hospital | hospital |
| Park | parque |
| Police station | comisaría de policía |
| Post office | oficina de correos |
| Library | biblioteca |
| Bakery | panadería |
| Butcher's | carnicería |
| Gas/petrol station | gasolinera |
| Gym | gimnasio |

## En el centro comercial

| | |
|---|---|
| Mall | centro comercial |
| Toy store/shop | juguetería |
| Computer store/shop | tienda de computadoras |
| Hairdresser's | peluquería |
| Book store/shop | librería |
| Flower shop | floristería |
| Coffee shop | cafetería |
| Optician's | óptica |
| Music store | tienda de música |
| Pet shop | tienda de animales |

| Países | Nacionalidades | Idiomas |
|---|---|---|
| The USA | American | English |
| Mexico | Mexican | Spanish |
| The Dominican Republic | Dominican | Spanish |
| Colombia | Colombian | Spanish |
| Brazil | Brazilian | Portuguese |
| Argentina | Argentinian | Spanish |
| Canada | Canadian | English/French |
| France | French | French |
| Spain | Spanish | Spanish |
| Italy | Italian | Italian |
| Germany | German | German |
| Russia | Russian | Russian |
| England | English | English |
| Egypt | Egyptian | Arabic |
| China | Chinese | Chinese |
| Japan | Japanese | Japanese |
| Australia | Australian | English |

Hay que recordar que las nacionalidades e idiomas
se escriben siempre con mayúsculas en inglés.

## Números cardinales y ordinales

| | | | |
|---|---|---|---|
| 1 | one | first (1st) | *primero* |
| 2 | two | second (2nd) | *segundo* |
| 3 | three | third (3rd) | *tercero* |
| 4 | four | fourth (4th) | *cuarto* |
| 5 | five | fifth (5th) | *quinto* |
| 6 | six | sixth (6th) | *sexto* |
| 7 | seven | seventh (7th) | *séptimo* |
| 8 | eight | eighth (8th) | *octavo* |
| 9 | nine | ninth (9th) | *noveno* |
| 10 | ten | tenth (10th) | *décimo* |

| 11 | eleven | eleventh (11th) | *decimoprimero* |
| 12 | twelve | twelfth (12th) | *decimosegundo* |
| 13 | thirteen | thirteenth (13th) | *decimotercero* |
| 14 | fourteen | fourteenth (14th) | *decimocuarto* |
| 15 | fifteen | fifteenth (15th) | *decimoquinto* |
| 16 | sixteen | sixteenth (16th) | *decimosexto* |
| 17 | seventeen | seventeenth (17th) | *decimoséptimo* |
| 18 | eighteen | eighteenth (18th) | *decimoctavo* |
| 19 | nineteen | nineteenth (19th) | *decimonoveno* |
| 20 | twenty | twentieth (20th) | *vigésimo* |
| 21 | twenty-one | twenty-first (21st) | ... |
| 22 | twenty-two | twenty-second (22nd) | ... |
| 30 | thirty | thirtieth (30th) | ... |
| 40 | forty | fortieth (40th) | ... |
| 50 | fifty | fiftieth (50th) | ... |
| 60 | sixty | sixtieth (60th) | ... |
| 70 | seventy | seventieth (70th) | ... |
| 80 | eighty | eightieth (80th) | ... |
| 90 | ninety | ninetieth (90th) | ... |
| 100 | one hundred | one hundredth (100th) | ... |

| 101 | one hundred one |
| 138 | one hundred thirty-eight |
| 279 | two hundred seventy-nine |
| 797 | seven hundred ninety-seven |
| 999 | nine hundred ninety-nine |

| 1000 | one thousand |
| 1785 | one thousand seven hundred eighty-five |
| 75,984 | seventy-five thousand nine hundred eighty-four |

| 100,000 | one hundred thousand |
| 1,000,000 | one million |

| 45,893,714 | forty-five million eight hundred ninety-three thousand seven hundred fourteen |

**El número «cero» puede expresarse de varias maneras:**

**a) Se usa «zero» al referirnos a:**
- números en general: 0-1-2     zero-one-two
- la temperatura: -2 °C     two degrees below zero
- resultados deportivos: 2-0     two-zero

**b) Se usa «oh» al referirnos a:**
- números de teléfono: 8408701     eight-four-oh-eight-seven-oh-one
- la hora: 6:04     six-oh-four
- años: 1907     nineteen-oh-seven

| Días de la semana | | |
|---|---|---|
| | Monday | *lunes* |
| | Tuesday | *martes* |
| | Wednesday | *miércoles* |
| | Thursday | *jueves* |
| | Friday | *viernes* |
| | Saturday | *sábado* |
| | Sunday | *domingo* |

| Meses del año | | |
|---|---|---|
| | January | *enero* |
| | February | *febrero* |
| | March | *marzo* |
| | April | *abril* |
| | May | *mayo* |
| | June | *junio* |
| | July | *julio* |
| | August | *agosto* |
| | September | *septiembre* |
| | October | *octubre* |
| | November | *noviembre* |
| | December | *diciembre* |

Hay que recorder que los días de la semana y los meses del año se escriben siempre con mayúscula

| Seasons | spring | primavera |
|---------|--------|-----------|
|         | summer | verano |
|         | fall/autumn | otoño |
|         | winter | invierno |

## Verbos con partícula

| | |
|---|---|
| Break down | *averiarse* |
| Break into | *irrumpir, entrar a la fuerza* |
| Bring up | *educar* |
| Call somebody up | *llamar por teléfono* |
| Carry on | *seguir, continuar* |
| Carry out | *llevar a cabo* |
| Come across | *encontrar (casualmente)* |
| Come in | *entrar* |
| Come up | *surgir, aparecer* |
| Deal with | *tratar de/con* |
| Do without | *arreglárselas sin algo* |
| Fill in | *rellenar* |
| Find out | *descubrir* |
| Get on with | *llevarse con alguien* |
| Get onto | *subirse* |
| Get out of | *bajarse* |
| Get over | *recuperarse* |
| Get up | *levantarse* |

| | |
|---|---|
| Give in | *rendirse* |
| Give up | *dejar de* |
| Go out | *salir* |
| Look after | *cuidar* |
| Look at | *mirar* |
| Look down on | *despreciar* |
| Look into | *investigar* |
| Look for | *buscar* |
| Look up | buscar en un libro |
| Make out | *comprender* |
| Make up | *maquillar* |
| Pick something/somebody up | *recoger algo/ a alguien* |
| Put on | *ponerse (ropa)* |
| Put up | *alojar* |
| Run out of | *quedarse sin algo* |
| Shut up | *callarse* |
| Sit down | *sentarse* |
| Sort out | *clasificar, ordenar, arreglar* |
| Stand up | *levantarse (de un asiento)* |
| Switch on/off | *encender/apagar* |
| Take off | *despegar (un avión), quitarse (ropa)* |
| Tell off | *reñir, regañar* |
| Throw away | *tirar, arrojar* |
| Turn on/off | *encender/apagar* |
| Turn up/down | *subir/bajar (el volumen)* |

# PESOS Y MEDIDAS

## MEDIDAS DE LONGITUD

1 inch (1 pulgada)  =  2.54 centímetros
1 foot (1 pie)  =  30.48 centímetros
1 yard (1 yarda)  =  0.914 metros
1 mile (1 milla)  =  1.609 kilómetros

### CONVERSIONES

Pulgadas a centímetros, multiplicar por 2.54
Centímetros a pulgadas, multiplicar por 0.39
Pies a metros, multiplicar por 0.30
Metros a pies, multiplicar por 3.28
Yardas a metros, multiplicar por 0.91
Metros a yardas, multiplicar por 1.09
Millas a kilómetros, multiplicar por 1.61
Kilómetros a millas, multiplicar por 0.62
Acres a hectáreas, multiplicar por 0.40
Hectáreas a acres, multiplicar por 2.47

## MEDIDAS DE SUPERFICIE

1 square inch (1 pulgada cuadrada) = 6.45 centímetros cuadrados
1 square foot (1 pie cuadrado) = 0.093 metros cuadrados
1 square yard (1 yarda cuadrada) = 0.836 metros cuadrados
1 square mile (1 milla cuadrada) = 2.59 kilómetros cuadrados
1 acre (1 acre) = 0.404 hectáreas

## MEDIDAS DE CAPACIDAD O VOLUMEN

1 pint (1 pinta) = 0.47 litros
1 quart (1 cuarto de galón) = 0.94 litros
1 gallon (1 galón) = 3.78 litros

### CONVERSIONES

Galón a litros, multiplicar por 3.78
Litros a galón, multiplicar por 0.26

## MEDIDAS DE PESO

1 ounce (1 onza) = 28.35 gramos
1 pound (1 libra) = 0.453 kilogramos
1 ton (1 tonelada) = 907 kilogramos (2,000 libras)

### CONVERSIONES

Onzas a gramos, multiplicar por 28.35
Gramos a onzas, multiplicar por 0.035
Libras a kilos, multiplicar por 0.45
Kilos a libras, multiplicar por 2.21
Toneladas a kilos, multiplicar por 907

Made in the USA
Middletown, DE
18 December 2014